成瀬悟策
玄侑宗久
河野文光

からだ、こころ、いのち

動作法と
禅からの見方

金剛出版

緒　言

私が住職をしているお寺の役員Aさんは、七十歳のころ、胃がんの検査入院で余命三ヵ月と診断されました。住職をして十年そこそこのときです。Aさんの長男さんと長女さんが、二人して血相を変えてそのことを告げにきました。ご本人のAさんは、荷物をまとめて勝手に病院を出て、さっさと一人で帰宅してしまったということでした。

私は在家の出身で、縁あって紹介されたお寺に住職として入ったのですが、一人として知り合いの方はおられませんでした。長男が誕生したとき、すでに養護学校に勤務することが決まっていました。妻もすでに他所で勤務をしていて、産後まもなく職場に復帰せざるを得ず、やむなく親代わりのAさんに相談したところ、奥様が乳母の役を快く引き受けてくれた間柄です。

私は余命を相談されても返答に窮しました。その翌日、Aさん夫妻は朝からお寺に来られて、仏壇の花壺に挿してあった香花を挿し替えていました。しばらくしてお茶にしようと思って呼びに行くと、奥様は一人正座して深々と本尊に向かって頭を下げていました。

その日以来、二人の香花の挿し替えは毎週続きました。病状をお聞きする勇気もなく、いつの間にか香花の挿し替えは常態となり、普段と変わらないAさん夫妻に対する感謝の気持ちだけで、余命のことなどはすっかり忘れていました。Aさんご夫妻も、とくに変わった様子を見せるわけでもなく、関連したことを話されることもありませんでした。気がついてみれば「あれって、いつだった?」とお二人に余命宣告のときのことを訊ねていました。すでに十年以上も経ってからのことです。

その後、Aさんは八十九歳で他界されましたが、それまではいたってお元気でした。このことをどう考えるか。まさか余命の宣告が誤診だったということはあり得ません。画像診断から転移部位やがんの腫瘍マーカーまで提示された長男さんや長女さんも、疑う余地はないと言われていました。このことを再考するまでには少し時間の経過がありました。

私は京都・天龍寺僧堂を経て、自坊に入り、二十五歳から養護学校に勤めました。脳性まひ児の教育、とりわけ治療訓練としての心理リハビリテイション（動作法）に魅了され、当時は九州大学の教授であられた成瀬悟策先生のご指導を受けて今日に至っています。

今まで携わってきた脳性まひ児をはじめ、自閉症児や、ダウン症児、筋ジストロフィー児、二分脊椎児などの障害児者、不登校やいじめを受けた児童生徒、緘黙症児、あるいは神経症などの症状のある成人した方たち、さらには健康動作法教室に通ってこられる、腰痛や肩・膝痛のある高齢者たち、出産を控えた妊婦さんなど、多くの方たちと動作法を通した関わりを経験してきました。他県の療育キャンプや中国陝西省の療育キャンプにも携わり、多くの障害のある人たちとの関わりを持たせていただいています。

動作法は奥が深い。さまざまな事例をまとめて学位論文を執筆しながら、ふと思いついたのは、「ひと」の「からだ」と「こころ」が織りなす「動作」というキーワードから、「いのち」という言葉です。

生きている証としての「いのち」は、まさに僧侶としての命題でもあります。次の戒めの銘は、修行中に毎晩唱えていたものです。

「生死事大、光陰惜しむべし、無常迅速、時人を待たず、人身受け難し、今既に受く、仏法聴き難し、今既に聴く、この身、今生《こんじょう》に向かって度《ど》せずんば、さらに何れの処に向かってか、この身を度せん」(中峰国師座右の銘)

(禅を志す者にとって)生き死にの「いのち」のことは一番大事な修行の命題である。時間を無駄に浪費してはいけない。世の流れは速く、時は人を待ってくれない。人としてこの世に生を受けるということは稀なことである。いまその「いのち」を生きている。常ではない、一瞬一瞬ひとつとして同じではなく流れている。こうした仏法を聴くことは、これまた稀なことである。このことを知った以上、この私の身（こころ・からだ）を今生きているままに悟らずして、どこに悟りがあるというのか。

勝手な解釈ではありますが、ずっとそう思っています。しかし、自分のかかわってきた事例と結び付けることなど考えてもいませんでした。たまたま修行道場の後輩にあたる玄侑宗久師が贈って下さった対談書『生きる。死ぬ。』（その後に出版された改題版『医師と僧侶が語る　死と闘わない生き方』ディスカヴァー携書）を見開いて、真っ先にAさんのことを思いました。

そうだ、何の不思議もない。「からだ」と「こころ」が一体となって「生」を全うしていれば、それこそ「この身を今生《こんじょう》に向かって度《ど》（＝彼岸へ済度。悟りへ導く）している」のではないか。その度す程度の深浅はあるかもしれないが、そんなことはどうでも良い。白隠和尚も「我、小悟すること無数、大悟すること数回」と言われている。もし「度す」ことが「からだ・こころ」の一体を指すと仮定すれば、あえて修行などと結び付けなくても、誰にでもあり得ることではないか。空を仰いでいて時間の経つのを忘れていた、という体験でも良い。無我夢中でした、ということでも良い。気が付いたらできていました、ということもあり得よう。拘らなくなりました、気持ち良いです、という実感もあるでしょう。こうした体験は、それこそが動作法が目指す治療目標であるはずです。

成瀬悟策先生には、私の関わっている愛知動作法療育キャンプの周年行事ごとにお越しいただき、ご講演や懇切丁寧な実技指導をしていただきました。お歳は私より二回り上なので今年（二〇一八年）で御年九十四歳になられました。四十数年来のご指導を賜っていることになるのですが、先生の前に出ると、なかなか思いのたけを話せずに、もやもやした気持ちを引きずってきていました。一度、助っ人に玄侑宗久さんを頼んで、このもやもやを晴らしたいと願って実現したのが本書に収録されている「対談」です。

上記の第三十五回の周年行事（二〇一七年三月二十四日）として行なわれたものです。多くの方にご拝聴頂き、対談を盛り上げて頂きましたことに感謝申し上げます。また、対談の会場の準備や設営にご尽力を賜りました愛知動作法療育親の会（めだか会）のお母様方、関係されています特別支援学校の諸先生方にも記して御礼申し上げます。

本書で初めて「動作法」という言葉に接せられる読者の皆様方ために、導入部分を書いていただこうと師匠にお願いしましたところ、「あなたが書きなさい」とのことで拙文を掲載する羽目になりました。赤面しきりです。

釣り合いをと思い、玄侑さんにも後述部分をお願いして、ようやく上梓するまでになりました。この間、ご指導をいただきました金剛出版出版部の弓手正樹氏には感謝の気持ちで一杯です。

一方、玄侑さんはご承知の通り『中陰の花』で第百二十五回芥川賞を受賞され、小説だけではなく様々な分野で数多くの論説や対談を上梓されておられます。とりわけ東日本大震災の折には自坊も被災されており、それを基にした小説も二編ほど出版されております。多くの著書の中で、上記の対談書『生きる。死ぬ。』の対談者である土橋重隆氏の臨床経歴は、「がん」をとおして「いのち」を再考するきっかけを与えていただきました。

また、動作法キャンプで同じ釜の飯をいただいた故山中寛先生の生き様も、この出版へのきっかけを作っていただいたのだと、ご縁に感謝しています。

私は僧侶ではあっても、取り立てて仏教や禅に特別に精通しているわけではなく、ただ修行体験をし、今もただ自坊で坐禅会を続けているに過ぎません。生活をしている中でふと、禅語が脳裏をかすめることはっても、坐禅会で提唱をしているわけでもありません。ただ当たり前に坐っているだけです。そのことが、途轍もなく当たり前で有難く感じるのは歳のせいかもしれません。ただ、Aさんご夫妻のように、あるがままの生を全うしたいと願っているだけです。

本書が、障害のある方や、それに携わる方たちだけではなく、健康を願う多くの方たちの目にもとまり、少しでも生きてゆく糧になれば幸甚です。

二〇一八年七月七日

無量山 福聚小住　文光　九拜
河野文光

目次

緒言　河野文光　3
臨床動作法における「からだ・こころ・あるがまま」　河野文光　15
対談
からだ、こころ、いのち　成瀬悟策×玄侑宗久（司会）河野文光　69

対談を終えて　149
成瀬悟策

安心する身体へ　155
玄侑宗久

おしまいに　199
玄侑宗久

動作療法における基本的立場　203
成瀬悟策

臨床動作法における「からだ・こころ・あるがまま」

河野文光

私たちが体験する事象は、さまざまな側面から成り立っていることはご了承していただけるかと思います。それは、見えている側面だけではなく、気づかずに見逃していることのほうが多いということでもあります。また、その事象以前にもさまざまな流れや文脈があり、それゆえ、あたかもこの事象はこうだと断定することに対してはばかりを感じつつも、流れている「からだ」や「こころ」を記述することの難しさをあえて、「臨床動作法」という一側面から「あるがまま」というキーワードを目指して考えてみたいと思います。

たまたまご縁によって「臨床動作法」に関係する方たちと出会い、そこでのやり取りを通した、あくまでも「私の体験」ということです。

動作訓練の成り立ちと成瀬悟策先生との出会い

九州大学名誉教授であられる成瀬悟策先生は、一九六〇年代に脳性まひ者が催眠暗示で硬直していた手足が弛み、動かすことができることを確認しました。心理的緊張が身体的緊張を生むなら、身体的緊張を弛めることで心理的緊張状態を変えられるのではないかという仮説をたて、研究グループの仲間とともに脳性まひ者への「動作訓練法」の開発（成瀬、一九七三）を始められています。当初は催眠法との併用で行なわれていましたが、小さい子どもや筋緊張が強すぎる場合には催眠の導入が困難なこともあって、その後は催眠を用いずに動作訓練のみとなりました。勤務地であった九州大学教育学部でリハビリテイションセンターを立ち上げ、当時の福岡県立養護学校の児童生徒に対して放課後を利用して週二回の動作訓練とその効果の検証などが始められました。その間の経緯はＮＨＫの「明日を拓く」というテレビ番組で放映され、国内に大きな反響を呼んだと聞いております。

多くの障害児者（以降障害者）のニーズに応えて短期間で目に見える形の効果を上げるため、また彼らに直接対応する訓練者を養成するために、集団集中訓練形式を採用し、一九六七年に久留米市の聖ルチア病院を会場にして宿泊を伴ったキャンプ方式がとられるようになりました。そこで研修を受けた養護学校の先生方を中心に、全国各地にこの訓練キャンプが普及するようになり、一九七二年には「あゆみの箱」の寄付によって完成した「やすらぎ荘（福岡県）」でのキャンプが、その後の普及の中心的役割を果たしました。こうした経緯の中で、キャンプの期間を一週間とし、一日三回の動作訓練、その間に集団療法や生活指導、親の相談や指導なども日課に取り入れられ、訓練を受ける障害者（トレーニー）と訓練をする先生（トレーナー）とのマンツーマンの訓練と、各班ごとに一人のスーパーバイザー（講師）を配置するという療育キャンプの形式ができ上がりました。こうした障害者に対する動作訓練を中心とした総合的な研修の目的を有し、参加者（トレーニー・トレーナー・親）それぞれが三つ巴となって有機的に相互に研修するキャンプ方式は、「心理リハビリテイション」として一つの運動思潮ともいえるような体系を形成してきました。

一九七三年には福岡県夜須高原の「やすらぎ荘」に心理リハビリテイション研究所が増築され、それ以降は研究所と九州大学教育学部附属リハビリテイションセンター（現九州大学大学院人間環境学府附属総合臨床心理センター）が中心となって心理リハビリテイション研究とその普及にあたってきました。

また、一九七六年には「日本リハビリテイション心理学会」が設立され、訓練者や指導者の資格認定にも携わるようになり、学際的・国際的な広がりを持つ組織として発展しています。これらの一連の流れを微に入り細にわたって陣頭指揮をとられたのが成瀬先生です。

私は一九七四年に初めて成瀬先生にお会いしました。当時、肢体不自由養護学校に勤務したての新米教員で、同僚に誘われて夏季休業中に東京で実施された安田生命文化事業団主催の心理リハビリテイション研修会に参加したときです。初めてお会いした先生はとても優しく丁寧にお話をされ、私の疑問にもわかりやすくお答えくださいました。会場に設営された訓練マットに、まだ立てないという脳性まひの少年がトレーニーとして参加され、成瀬先生が一駒一駒ずつ説明をされながら、しかも少年とのやり取りを通じて、あっという間にその少年を立たせてしまったのです。私は目を見張りました。神業とでも形容したくなるセッションを目の当たりにして、すごい！　これだ！　と動作訓練に魅了された二日間でした。それ以降は上記の「やすらぎ荘キャンプ」に春夏の年二回、毎年欠かさず参加させていただきました。

多年にわたって薫陶を受けましたが、先生は段々と怖い存在になっていきました。キャンプでは、一日三回の動作訓練が終わると、各班ごとにスーパーバイザーを囲んでミーティングが持たれます。その後に全体でのミーティングがあり、その場では各班からの班別ミーティングでの報告をしなくてなりません。初心者には懇切丁寧であった先生の対応も、数年を経た研修生には詰問とでも形容できるような追及の時間になります。頭の中が真っ白になるほど班の報告に対する質問攻めで、何度も崖っ淵まで追い詰められました。こうした私にとっての過酷な研修は、後述するような禅修行での体験と相通じるものを感じました。以後、先生との距離を置く癖がつきましたが、逆にますます離れがたい存在となりました。先生は剛柔を兼ね備えた畏怖の存在でもありました。臨床は、生半可なことでは駄目だと肝に銘じたことを思い出します。

動作訓練法の発展

一九七七年に雑誌『肢体不自由教育』第14号から第18号の中で、五回にわたって誌上討論（俗に成瀬・小池論争）がなされ、当時東京の板橋区にあった東京教育大学付属桐ヶ丘養護学校の隣接となる東京整肢療護園園長の小池文英医師と成瀬先生との誌上での往復討論が約一年間を通して行なわれました。内容的には、肢体不自由養護学校児童生徒の「機能訓練」を担当する指導者論や医療システムの建前論を前面に出した小池先生と、児童生徒の動作訓練の効果を前面に出した成瀬先生とは議論がかみ合わず終いでした。しかしこの討論は、全国の肢体不自由養護学校に勤務している多くの購読者である教員には大きなインパクトを与える結果となり、動作訓練法を全国の肢体不自由養護学校に普及していく一翼を担ったのです。

養護学校を始めとする特殊学校（盲学校・聾学校）には、養護・訓練（現在は自立活動）と称する教育課程の領域（各教科・道徳・特別活動・総合的な学習と並列される）があり、肢体不自由養護学校では心理学的・教育学的に説明される動作訓練の考え方が受け入れられやすかったのだろうと思いますが、この年を境にして多くの肢体不自由養護学校の養護・訓練領域で動作訓練が行なわれるようになりました（村田、一九九三）。また幾つかの養護学校では、教育委員会の主催による研修会や通いのミニキャンプも行なわれています。

全国各地では障害者の親の会によるキャンプや月例訓練会が開催され、幾つかの大学や地域での活動も高まっていったことはいうまでもありません。その後、韓国、マレーシア、タイ、カンボジア、インド、イラン、中国、スリランカ、台湾、ベトナムでの動作法キャンプや研修会が実施されるようになり、本邦で開発され普及してきた動作法は国際的な評価を得るまでになっております。韓国では、国内に心理リハビリテイション学会が作られるまでに発展しました。また、韓国、マレーシアやタイなど幾つかの国ではスーパーバイザーの資格を得て、自国の指導者が育っています。成瀬先生も、こうした国々に直接足を運ばれ、何度となく指導に当たられてきました。

ここまでの脳性まひを中心とする肢体不自由者への動作訓練法の考え方は、動作は心理的現象であるという見方が前面に出て、要約すると以下のようにまとめることができます。

①からだがまひして動かないのではなく、身体は動くがその身体の持ち主が自分の思い通りに動かせないでいる。

②従来の身体運動という見方は生理的、筋骨格的なもので、動作は、意図－努力－身体運動というフィードバック機構を備えた一連の心理プロセスによるものである。

③脳性まひ者は動作不自由者であり、動作不自由の改善が必要である。
④日常経験でのあがり、緊張により口がまわらない、ぎこちない動きになる、なども動作不自由とみなす。
⑤動作の不自由は、自己の自己身体への働きかけ方が未熟であるとみなす。

このように、からだの動き（動作）を心理学的教育学的な知見を用いて、主として不全学習、誤学習、未学習という見方で説明されていました。

自閉症児・知的障害児・ダウン症児への適用

一九七〇年代の動作訓練の発展期に追随するように、脳性まひ者以外の障害者に動作法を適用することが出始めました。きっかけは、動作訓練研究仲間の大野清志先生や今野義孝先生が、多動傾向や自閉傾向の見られる児童（今でいう発達障害者）への動作訓練の適用事例を学会で発表したことによります。当時は、脳性まひ児の動作訓練の過程で見られていた多動傾向のある脳性まひ児等の情緒面の変化については、動作改善の変容に伴う副次的なものと見なされていました。ところが、動作法は、ほとんど肢体不自由を伴わない脳損傷に関係すると思われる多動児や自閉症児に適用しても顕著な効果が見られたとするものでした。

これらは、対象児の行動面やコミュニケーション面の改善という、当初の動作不自由の改善目的とは異なった対象への広がりを見せる契機となり、その後は知的障害児やダウン症児の発達促進や社会性、コミュニケーション、創造性の障害を伴う統合失調症（当時は精神分裂病）の成人に適用するなど、一気に対象者を広げていくようになります。

ここでは、動作課題の遂行に伴う、自己の能動体験の成功感や訓練者とのからだを通したやり取りでの相互作用が、被訓練者の選択的注意力や情動調律を促進させたのではないかという、動作訓練による新たな成果の知見を提供することになりました。成瀬先生は「体験治療論」として、体験内容に関わる体験の方法（仕方）がより自己にとって効果的に働くことによる、という説明をされるようになります。肢体不自由のある脳性まひ者の治療訓練法としてスタートした動作訓練は、肢体不自由のない発達障害者や統合失調症などの精神障害者をもその対象とするようになり、動作という人間の根底に関わるからだの動きを、真正面から研究の対象に据えていくことになります。

心理療法としての発展

一九八〇年代後半に入り、多動児や自閉症児、さらに統合失調症の患者に動作法を適用するようになってからは一気にその対象が広がります。スポーツ選手へのトレーニング法や通常のカウンセリングにも取り入れられ、また心理療法で行なわれていた神経症者、ＰＴＳＤの方へ、さらには教育相談やスクールカウンセリングなどの教育現場、企業内のメンタルヘルスなどの場面で適用するようになります。

傾聴、共感的理解、意識化、言語化、洞察、気づきなどを重視してきた従来のことばでのやり取りが基本である心理療法やカウンセリングとは異なり、動作を主とし、ことばは補助的に用いる心理治療法として動作法が用いられるようになりました。

このころから、障害者の療育に用いていた動作訓練という呼称と並んで、心理治療を意識した臨床動作法ないし動作法という呼称を用いるようになります。対象もさらに広がりを見せ、不登校やいじめを念頭においた教育現場、ストレス性の肌あれ等を対象とした皮膚科領域、鎮痛を癒す歯科領域、乳幼児検診で発達の遅れを指摘されたり懸念を抱く親子を対象にした赤ちゃん体操、保育園・幼稚園での動作あそび、各種の神経症疾患等での病院臨床、職場や学校でのストレス・マネジメント、一般の方や高齢者を対象にした健康動作法教室など、さまざまな年齢層や場所で適用されるようになり、学会発表でも対象の広がりが顕著に出てきました。

このころの研修会でのレジュメでも、成瀬先生の講義内容では、「動作は生きているわたし（主体）が、自己の身体に働きかけて、その結果、身体運動が生起するまでのプロセス、すなわち、からだの動きを通してわたし（主体）を生き生きさせる方法であり、自己を活性化させるわたし（主体）の対自己的コミュニケーションの活性化、すなわち今までの体験様式から新たな体験様式に変えていくことを通して、わたし（主体）の生活体験の様式を変え、生活場面での現実適応を図る」という心理療法としての位置づけがなされています。

二〇〇〇年以降の動作法は、従来の障害者を対象にした動作訓練法とは別に、心理療法としての位置づけを確立した日本臨床動作学会が日本リハビリテイション心理学会と並立して研究・普及に貢献しています。成瀬先生ご自身もそれまでを振り返り（成瀬、二〇一四b）、人間というものの生きようとする力を基礎において、そのために欠くことのできない動こうとする力の凄まじさ、具体的には動きと緊張の複雑で多面的な活動の仕方への注目であったと述べ、従来の心理療法がことばを中心に対応してきた次元を覆し、現実生活での対応にはからだの動き、課題への対応が必要で、実際に〝する〟・〝やる〟・〝できる〟ことを通して身につけることの重要さを明確に述べています。

動作のこころ・自己のこころ

成瀬先生（二〇一四b）は動作課題を遂行する中で、動かしにくかったからだの動きが楽にできるようになるだけで、表情・仕草・立ち居振る舞いが急速に変わり、動かそうとして動かなかったからだが、自動的に動く感じに気づくようになると表情や目の色が変わる、と説明しています。そのからだが自動的に動く感じの説明として、「動作のこころ」と「自己のこころ」という文言を併記しています。さらに両者の一体的な状態が望ましい状態であるといいます。

私は、意識上での動かそうという意図・努力を「自己のこころ」とし、実際に動いているからだの動きの感じを、意識下を含めて「動作のこころ」と便宜上で分けたのだと勝手に判断していましたが、どうも違うのではないかと思うようになりました。なぜなら意識に上らない動作もあり、たとえば眠っているときでも蚊が刺せば、その部位を手でかいているということがあります。そもそも生まれたばかりの赤ちゃんの動きは合目的であっても意識的かと問われると、答えに窮します。意識的であろうがなかろうが、生きている以上は動作をして、意図・努力を意識下で行なっているといわざるを得ません。ほとんど、「動作のこころ」で遂行している事象ということになるのでしょうか。こうして考えると、意識下でも「自己のこころ」は働いているということなのでしょう。

逆に、意識上での動作遂行に着目すると、これはかなり慎重な動作や難しい動作など（たとえば課題動作を練習するとき）が、説明としてはわかりやすいかもしれません。また、意識はほとんど薄れた状態からきわめて鮮明な状態までのスペクトラムをなしていますので、どのような意識の状態であっても、生体は生きるために必要な動作をしており、「自己のこころ」と「動作のこころ」が相互に補い合って遂行していると考えたほうが自然かもしれません。

もともと人は生き物ですから、生きるためのからだの動きは生まれた当初からあるわけです。授乳から排泄、抱かれている腕の中での動き、眠っているときの動き等々のすべての動きが、何度も繰り返されることにより、経験として徐々に記憶（学習）されていくといわれています。それに伴い感覚・知覚・情動が活性化され鮮明になり、環境や周囲とのやり取りを通してことばを獲得しながら、認知や思考という高度な発達を遂げていきます。こうした発達は、からだとこころの一体的一元的な活動、すなわち動作の繰り返してやまない活動であり、生きているという活動そのものの謂いであると考えます。

意識化・言語化された「わたし」は、生活世界を広げながら自己をさらに意識化させていきますが、こうしたこころを「自己のこころ」とすれば、「動作のこころ」はむしろ意識化されることはほとんどなく、「自己のこころ」の陰で、からだの動きに随伴するように推移してきたのだともいえます。自分の生活世界の広がりと共に「自己のこころ」が肥大化するにしたがって、逆に動作に付随していた「動作のこころ」は「自己のこころ」の要求や欲求に応えられなくなっていくと、双方の乖離がはじまり、からだは双方の調整を余儀なくされますが、対応ができなくなると双方の乖離は深刻な状況を作り出すことになります。それがからだの不調であったり、情動の不安定を呈するということになる、という理解を今はしておくことにします。

この動作という心理現象は大変重要であるにも関わらず、心理学でも生理学でも顧みられることはほとんどありませんでした。この動作の仕方を変えることを通して、それと一体的なこころの治療的変化を目指す心理療法を成瀬先生は動作療法であると明言するに至っております。このことについては、大変重要なポイントですので、以下の論考でも扱いたいと思います。

「あるがまま」と体験様式

臨床動作法での体験様式の中には、「あるがまま体験」に類すると思われる事象が幾つか考えられます。成瀬先生（二〇一四b）は、森田療法（森田、一九七五）

における「あるがまま」に関連して、臨床動作法と似ているが治療の過程がわからないから異同はわからない、としています。ただ、森田神経質を引き合いに出して次のように述べています。「心身に表れる症状そのものや、それによる悩み・迷いというよりは、その背後にあってその症状を支えている、核心的な性向、核心がある枠を越えて異常に大きく変動せざるを得なくなっている〝拘り性向〟なり〝森田神経質〟を含む〝神経質性向〟をいかに安定させることができるか」と言及し、「治療の主目的は過剰過敏になっている〝拘り性向〟ないし心配性、あるいは森田神経質を含む一般的な神経質のような性格的傾向を落ち着かせ、しっかりした安定状態が自ら保てるようになれること」に置くと述べています。

さらに本当の治療とは、自己治癒、つまり自ら治し、治ることであると言い切っています。その成果を左右するのは、「自己のこころを控え、抑え、ときには〝我〟を捨てながら、それ（自己のこころ）から解離（無意識化）して活性を失った状態のまま不調な緊張や動きから抜け出し切れない動作のこころを信じ、その動きに任せ切る」ことが大切で、こうした意識化のプロセスを生かし、活性化させながら自己のこころと動作のこころとの相互調整の結果が、「拘らなくなりました」「気にならなくなりました」という現実適応的な新たな変化をもたらすことになると述べています。

こうして見ると、臨床動作法では、体験治療論（成瀬、二〇一四b）、すなわち従来の体験様式（囚われたり、思い込んだり等）を自分で新たな動作体験を通して好ましい体験様式（私は私のままで良いのだ、気にならなくなりました等）を獲得することを治療目標としていることがわかります。

森田療法の継承者であられる北西憲二先生（二〇一五）は、成瀬先生の著書『動作療法の展開』を書評する中で、「動作法の治療は、不調に陥っている無意識化された動作のこころに焦点を当てる。無意識化されている動作のこころを意識化して、自己のこころと動作のこころの調和関係を目指す。まず動作課題を設定して治療に取り組むことになる。ここで重視されるのが、課題努力法である。それは、……課題通りの動きを実現するのは手段で、その真の目的は、からだの緊張や動きの状況を意識に上らせ、それを実感できるように意識化する努力過程である。重要なことは、痛みを感じているそのからだに自分の気持ちを任せ切って、からだと自分とが一体になって共に痛みを感じ合おうという気持ちになれば、痛みに対応するこころはズッと楽になる、という体験である。我を捨てて、あるがままに痛みという現象を受け入れていくこころの態度であろう。からだの感覚をありのままに受け入れることであり、痛みのコントロールの断念という心理的側面があるように思われた。これは森田療法でいう〝あるがまま〟の一面にそのまま通底する」と述べています。

さらに、森田療法の「あるがまま」は治療目標であり、森田のいう心的事実をありのままに経験することであり……、次にそれに到達する介入法、技法である、と捉えています。また、森田（前掲）の言葉を引用して、人生は苦は苦であり楽は楽である。その「あるがまま」にあり、「自然に服従し、境遇に柔軟である」のが真の道（筆者注：心的事実）であるとし、その苦になりきったときに、それと連動して生きる欲望が自覚され、生活世界での行動として発揮されるようになると、生きるダイナミズムが形成されるといっています。

両者ともに体験内容というよりは体験様式を重視しており、文言の違いはあるものの、共に「あるがまま」の現状を肯定していく体験様式であると受け止めることができます。これらの両者の謂いを、仮に「あるがまま感」ないし「あるがまま観」とすると、その源流には老荘思想の「無為而為」や「恬淡虚無」、また老荘の影響を受けて発展してきた摩訶止観や禅仏教、とりわけ日本での代表格にあたる白隠禅師の内観法・軟蘇の法（芳澤、二〇〇〇）や古来からの数息観などが挙げられます。

また森田療法では、「あるがまま」を治療過程や治療目標とする記述もあります。この「あるがまま感」が、体験過程や体験後に生じる体験感として、一つの体験様式と仮定するならば、個人的体験とされる「あるがまま」体験は普遍性または共通性があるのではないかと考えることができます。

ここまでが前置きです。大変長い前置きになりましたが、この検討をするにあたって、手始めに私の坐禅修行の自験例を端緒に、続いて援助者として体験した動作法適用事例から、「こころ」と「からだ」との関係を検討してみたいと思います。

坐禅修行における体験

私は大学を卒業してすぐに、京都嵐山の天龍寺専門道場で雲水修行に入りました。そこで、師匠である平田精耕老大師から、初頭公案〔注1〕「父母未生以前、自己本来面目（お父さんもお母さんも生まれる前のあなたの本当の姿とはどのようなものかの意）」をいただきました。

在家育ちの私は、それまで仏教や禅を学んでみようとは思いましたが、出家をしてお坊さんになろうとは考えてもいませんでした。それが妙なご縁から、たまたま遊びに誘われて逗留していた寺の老僧から、「お前さんもお寺に入らんかね」といわれて、純真にも「はい！」と答えていました。後から後悔するでもなく、本当にすんなりとした気持だったと今でも思っております。お経も読めず、ろくに坐禅の仕方も知らない私が、見るもの聞くものすべてが新鮮だったのかもしれません。今までの学生生活から一変して、すべてが規矩（規則）どおり、時間どおりの生活に変わったのですから、慣れるにも大変だったと思うのは後からのことでした。何から何までもがわからないことだらけで、一日前に入門した高単（高い位置の単布団：転じて上座に坐る先輩のこと）の一挙一動を真似しながらの日々でしたから、思考より先に行動していたことになります。

春の彼岸が終わった後に掛塔（入門）して四ヵ月が経過し、坐相も安定してきた七月に、三回目の大接心［注2］があり、終わりに近づいてきた六日目の夕刻の梵鐘を聴きながら坐禅をしていますと、そのときに、「そうだ！　これだ！　この音を聴いているこの俺だ！」とでも形容するような感じが全身からみなぎってきました。すかさず参禅入室［注3］をするために隠寮［注4］に向かって跳んで行きました。隠寮では、老大師がビクとも動じない坐相で、入室していく私の姿が見えないうちから、おまえのすべては見えているぞ、とばかりの静かな形相で私の見解《けんげ》［注5］を聞いて、「そうだ。それでよい」と言われた瞬間に、同時に私は師匠の顔を見つめている自分が、「そうだ。それでよい」という自分自身として実感していたという体験をしました。

このときの見解は、「自己本来面目」は俺そのものなんだ、俺という全体は、丸ごと俺であり、「父母未生以前」という時空を超えた現在只今の俺そのものであり、丸ごとの俺が宇宙であり、宇宙が俺である、五体丸ごと、脈々と活溌溌地の俺が現前している、としか形容しがたい感覚そのものだったと思います。居ても立ってもいられないような気持ちで、先んじるでもなく、かといって臆するでもなく、スーッとそのまま立ち上って、「どうだ！　俺が居るぞ！」とばかりに師匠に現前していました。

それから五ヵ月が経ち、十二月の臘八《ろうはつ》大接心〔注6〕と呼ばれる修行道場で最も重視される修行中でのことです。堂内（坐禅堂の中）での坐禅が終わった後、夜坐と称して夜更けまで各自が外で坐禅をすることが慣例となっています。天龍寺の曹源池に面した本堂まで、単布団（坐禅のときに坐る座布団）を抱えて外に出て行き、天龍寺本堂の縁先で坐を組んで、月の淡い光に浮かび上がった、おぼろげな雪の少し積もった庭を見るともなしに一点を凝視していました。するとその真っ白い雪が鮮明となり、光り輝いているという実感を持ちました。雪がこんなにも白いという感じを持ったのは初めてでした。

臘八大接心が終わって、一週間ぶりに師走の市井に托鉢に出ました。そのときも、道で行き交う人の新鮮さ、垣根のサザンカの花の色、葉の緑の美しさを、生まれて初めて本当のサザンカを見たんだ、と思いました。さらに九条通りにたどり着き、「ホーホー」と大きな声を張り上げながら托鉢を続けてしばらく行くと、この寒空に床几に腰かけて雲水を待っていた小さな老婆が、その縮んだ手に握りしめていたお賽銭を私の看板袋（頭陀袋）に入れようと必死に腕を伸ばしていました。しわだらけのその顔は、美しいほど鮮明にしわが刻まれていると感じました。

動作法における援助者としての体験

1　手を離したら一人で坐った

坐位のとれない重度重複障害（障害者手帳フロッピィ・インファント一種一級）の男児（六歳）の坐位での訓練場面（河野、二〇一三）のことです。一人ではクタンと上体を倒してしまいますので、両肩を支えて上体を起こさせ、あぐらの姿勢をとらせました。両肩を少し反らせるように援助をすると、それと連動するように頸を起こしてきて、真っ直ぐの位置では止められず、そのまま後ろにカクンと反らせていました。再び同じ手続きで男子が頸を起こしてきたとき、援助者（筆者）は、とっさに左右の親指を男児の後頭部に当てて後ろに反らないように止めました。ちょうど、援助者の支える親指の力と男児の反らせようとする力が拮抗する感じで、男児はそのまま頸を保持しています。そのとき援助者は、男児の腰に当てている自分の足の甲が少し腰から離れる感じがしました。そのとき援助者はそのまま少し腰を押し込むように援助し直すと、男児は自ら腰を伸ばしてきたのです。援助している足の甲が軽くなった感じがしたので、ひょっとしたらと思い、その足の援助を外すと、そのまま腰を伸ばしているではありませんか。さらに後頭部に当てている親指もそうっと離すと頸を左右に動かし、いかにも周囲を見回しているかのようでした。

こうした訓練場面でのやり取りのみに焦点を合わせてみると、男児は声やことばで応答するコミュニケーションはとれませんが、自分のからだを制御することにおいては、ことばが理解できる肢体不自由児となんら遜色のない対応をしていることになります。頸を反らせようとする従来のパターンを阻止されて、その反らせようとする力を仕方なく腰を伸ばす動作に変換して、重力に対応しながら坐位を獲得していく動作は、障害の程度に関わらず合目的的動作といわざるを得ません。

男子は障害者手帳に記載のとおりのクタクタの状態でした。コーナーチェアやバギー車に乗せると坐らされておりましたが、自ら移動することや寝返りはできません。スプーンを唇の近くに持ってゆき、先をちょっと唇に当てようとすると大きな口を開けてくれましたので、摂食動作に困ることはなく、また機嫌の良いときにはコーナーチェアの枕当てに後頭部を左右にすり合わせるような動きを見せて笑顔で声を出すことがあり、介助しやすい子ですと母親は話していました。その二年後には、坐位訓練を続けながら、四つん這い位で腕に体重をかける練習を続けた結果、手を着いての一人坐りができきました。

男児は一般的には寝たきりの重度・重複障害児として、明らかに健常者との動作の大きな差異を感じさせます。この動作の表出の強弱・明確さ・統合する強さを、動作者である主体者自身の度合いとすれば、それは主体活動そのものの度合いともいえるでしょう。成瀬先生は、当初はそれを主体の「被動感（動かされている感じ）―自動感（勝手に動いてしまう感じ）―主動感（まさに自分が動かしている感じ）」という動作の表象の連続したものとして説明されたこともありました。

哲学者でギブソンの現象学を紹介している河野哲也先生（二〇〇五）は、援助者との関わりの中で運動障害児が初めて示す行動への意図や意欲に言及し、「淡い主体と鮮やかな主体」という表現を用いて主体の幅の広さを提起しています。これは共に主体活動の謂いであって、自閉症スペクトラムという概念を借りれば、主体活動の「弱い」から「強い」までの連続的スペクトラム上に位置づけることができます。このことによって、私たちは今まで見てきた、いわゆる何々障害者という見方を根底からとらえ直すことができるのではないかと思いますが、論旨からすでに外れ始めていますので止めておきます。

私がこの事例で注目したのは、頸を後ろから援助者の指で止められたとき、自ら腰を伸ばし、頸を反らさずに、そのまま定位し、さらに周囲を見回すような動作をしたことです。それまでは、重力に抗して自らからだを真っ直ぐに定位することはなかったことです。これは、男児の動作のこころと自己のこころが一体となって、つまり、からだとこころが一体となって具現した事象だといえます。

2　訓練する気になった自閉症児

自閉症児（15歳男子）の事例（河野、二〇〇六、二〇〇七）で、一週間の動作法キャンプ二日目、第三セッションでの訓練導入場面です。トレーナー（Tr）は、なかなか訓練に応じて来ないA男を何とか訓練マットに連れて来て坐らせようとしますが、すぐに立ち上がり出口付近まで行って坐り込み、奇声を上げ、両耳を叩きだしていました。その繰り返しに見かねたスーパーバイザー（SV：筆者）が介入し、マット上からA男に向かって、「訓練するよ！　おいで！」と何度も声を掛けると、感情が高まってきたのか、いきなり立ち上がってSVのところへ来てSVの胸を突き飛ばし、そのまま出口付近に戻ってしゃがみ込み、奇声を上げています。SVは、A男は声掛けがわかってSVを突き飛ばしに来たのだから、根負けしないように続けてみようと思い、耳叩きをしているA男に向かってさらに誘い続けました。すると、また突然のようにA男は立ち上がり、SVのところへ来たので、また突き飛ばしに来たのかと思ったら、意外にもSVに背を向けて、訓練するよといわんばかりに坐ったのです。その後はインテーク（予診）時と同様の課題をSVと一緒に十五分ほど行ない、隣で見ていたTr

に替わりました。以降のセッションでは、途中で少しパニックになりかけましたが、A男が立ち上がるたびにTrも一緒に立ち上がって、行動を共にするように付き添いながら、再び訓練マットに戻すという対応で乗り切っています。

初日のインテークでは、A男はSVの提示する訓練課題を受け入れ、抵抗や逃げる行動はありませんでした。しかし、それに引き続いて行なわれたTrとの初回のセッションでは、我慢できずに早い段階から奇声を張り上げ、突然Trを突き飛ばしたり、入り口付近まで行ってしゃがみながら耳叩きを始めていました。その後も二度ほどTrはA男への誘いかけを試みますが上手くいきません。Trは数回のキャンプ経験もあり、そうしたやり取りの大切さも知っている先生でしたので、SVは少し見守りながらA男との関係ができ上がることを望んで見守っていました。

SVは、二日目第三セッションも、A男とTrの双方が訓練をするという場面に寄り合うことを願いながら待っていました。昨日に続いて今日もなかなか関係が取りにくそうだと感じてはいましたが、まだ一度もマット上での訓練関係ができない状態では双方が嫌になってしまうのではないかと思い、介入した状況が上記のやり取りです。

ここでは、ＳＶはＡ男のからだには直接触れず、Ａ男の坐るべきマット上から声かけをしました。「私と一緒に訓練をするよ！　今からやるよ！　さあ、やろう！」とＡ男に向けてＳＶの構えを直接にぶっつけた声です。これに対して、Ａ男は自分に向けられた声として注意をその声の主であるＳＶに向けてきています。最初は、ＳＶに向かって突き飛ばすという行動に出ますが、次には自分から来て坐り、訓練の坐位姿勢をとり、訓練を受け入れる行動へと変わっていきました。

演出家である竹内敏晴（一九九五）は、「話しかけるレッスン」に関連して、話しかけるとは相手のからだに話すことで、他の誰でもないまさに相手そのものに話すことであるとし、相手にとっては「まさに、私に、話し掛けられている声を聞くのである。それは名前によって判別したりするのではない、まさに自分のからだを目指し、触れ、突き刺し、動かしてくる彼のからだを受けるのだ」と述べています。つまり、からだがからだに、非日常の目新しい触れ方をするのです。その情報が相手のからだに伝わり素早くからだの中で選ばれ、増幅され、予測できないからだの変化を呼び覚まして、反応を返していくのです。そのことが日常埋もれているからだを目覚めさせることであり、からだを根源的に取り返す試みであるとしています。

Ａ男に向けて呼びかけたＳＶの構えは、竹内先生のことばを借りれば、まさにＡ男のからだに向けて発せられたことばです。さらに続けて呼びかけたことばは、Ａ男にとっては対応せざるを得ない課題としてＡ男のからだに迫ってきたものです。このＳＶの構えをＡ男は無視できずに、否応なしにからだで対応せざるを得なかったとすれば、これは双方の構えのやり取りであり、構えも動作であるのだから、からだでの接触はなくとも動作でのやり取りと見なすことができます。

この事例の着目点も、やはりこころとからだの一致点であるといえます。ＳＶから自分のからだに向けられた執拗な誘いをどのように受け止めていたのかは確認のしようもありません。ですが、それまで自分の耳を両手で抑えて、攻撃してきているＳＶの声を遮って耐えていたのが、我慢できなくなって、攻撃主であるＳＶを突き飛ばしにくるという行動に出ます。二度目は、筆者の理解の仕方を変更しなくてはなりません。（A男は）意に反して（やりたくないと思いながら）マットに（SVを突き飛ばしに）来たとSVは判断しましたが、そこで背中を向けて坐り（訓練するよと）、訓練態勢をとったのです。

訓練室の隅でうずくまっていたA男が、二度目に立ち上がった動作は、訓練態勢そのものだったのです。それは、竹内先生のことばのとおり、自分のからだを目指し、触れ、突き刺し、動かしてくるSVの声（からだ）を受けとって、応じたのだ、と修正せざるを得ません。A男が立ち上がろうとしたときには、からだもこころも立ち上がったのだ、と一体性を認めざるを得ない事象だからです。

すこし説明を加えれば、自閉性の発達障害児者は、一つの文脈にずっと向き合うことが苦手な場合が少なからずあります。ご存知ない方は、急に別なことに注意が向いたと捉えますが、けっして特別なことではありません。急に怒り出したり、急に奇声を発したり、急に別の処を見たり、等々、アトランダムに意識や注意が飛び飛びになることは良く知られた行動です。ただ、長く付き合っている家族なら脈絡がわかることも多いのでしょうが、初対面だったりするとそうはいきません。それでも、普通といわれる私たちでも、けっこう注意は飛び飛びになっているものです。それが常態だとわかれば、付き合うこともそれほど難しいことではありません。飛び飛びの中に、繋がっていく文脈が見えてくることも多いのです。

3 「僕しゃべらないよ！」と決めていた少年

「学校ではしゃべらない子」と担任から指摘され、親子で来談してきた小学二年生の少年との教育相談での事例（河野、二〇一二a）です。親子面接の三回目で、少年に準備体操をしようと誘った二度目の動作法の場面です。躯幹のひねりという技法で、少年に横臥位になってもらい、上になった方の少年の腰骨を支点として、動かないように私が一方の手で支え、上になっている肩を開く方向に私が他方の手でマットに向けて援助を行なっていきながら、少年は躯幹部や腰・肩・上体に入れている筋緊張に気づき、自ら力を抜いていく援助を行なう方法です。

少年は、横臥位になると少し緊張した表情になりましたが、私が肩に手を当てると観念したように元の表情に戻りました。続けて、私が少年の肩へ少し力を入れて躯幹を捻ろうとすると、「ウッ！」という構えのような声を出しそうになりました。そのとき私は、〈この子は喋るな〉と感じました。〈だめだよ。そんなに力を入れちゃあ〉と声掛けをして、再び肩を押し込むように援助をすると、スーッと肩や背中の力を抜いてきて、上半身が回転するように自分で力を抜いたかと思ったら、「痛い！　痛い！」と声を出してきました。〈どこが？〉と聞くと、少年は腰に手を当てて、「ここ！」と応えたのです。このことがあってから以降は、私とのことばでの会話が成立しました。

場面緘黙とか選択性緘黙症といわれている症例です。もちろん、少年は家庭や近所の友達とは普通に喋っている子どもでした。ただ、保育園に行くと何も喋らなくなっていたようです。園では大人しい子として過ごしていました。小学校に入学してからも保育園同様で、いつも友達の周囲には居るものの、自ら喋ることはなく、国語の朗読を当てられても口を動かすだけで発語はしなかったようです。担任から様子がおかしいと連絡を受けたお母さんは、初めてわが子の症状を聞かされて驚いたとのことでした。

この症例でのポイントも、先の自閉症のA男と同様にことばが注目されますが、行動や動作の変容が前面に出た前症例のA男とは逆に、「痛い！　痛い！　からだ」が「痛い！　痛い！」と声（ことば）を発する事象です。「僕はどんなに偉い先生でも喋らないぞ！」と母の運転する車中で話していたそうですが、この事象は期せずして、喋ってしまった、という後追いのこころが付随するのでしょうか。からだとこころが一体となって「痛い！　痛い！」と現前したのでしょう。

4　きつい場面が和むと楽になる

脳腫瘍にかかり、手術をされた六十二歳の女性が、前の事例と同様の「躯幹の捻り」という動作課題で気持ち良い体感を得て歩行に自信を取り戻した事例（河野、二〇一二b）を報告します。

彼女は、右側頭葉に腫瘍が見つかり、入退院を繰り返し、三回の腫瘍摘出手術を経て三年後に退院しました。同居の義母から誘いを受けて、夫と共に三人で健康動作法教室に参加するようになります。その後は、友達を誘って一緒に教室に参加するようになり、表情も明るくなって、退院時に抱えられて歩行していた状態からは「考えられないほど健康を取り戻し（本人曰く）」半年後には友達とテニスを楽しむまでになります。退院後、五年を経過した時点で腫瘍の再発は認められないと医師からはいわれています。

発症前は、保育園の主任保母として激務に耐えて、帰宅の遅い夫の分の家事をも担い、二人の子どもの就職問題にも悩みを抱えていたとのことです。後から思うと、このころの余裕のない生活が健康を損ねる原因だったと思うと述懐しています。

最初は、腰痛や膝痛が左側から始まり、左腕が上がらなくなって上体を屈げていないと痛みに耐えられないくらいだったそうです。整形外科の受診から始まり、腰椎の側弯が原因だといわれて治療を始めたが、二〜三カ月経っても改善せず、総合病院を紹介されて右側頭葉の腫瘍が三カ所見つかり、摘出手術を受けることになりました。三回目の手術ではリンパ腺にも転移が認められて、頭蓋骨を外しての大手術だったと夫が説明しています。

本人は、告知から一回目の手術までは何とか治りたいという思いで気を張っていたが、二回目の手術では、もうだめかと思ったといいます。三回目の手術のときは、医者のいう通りにしようと、半ば諦めた気持ちになっていたと思いの変遷を話されています。三回目の術後二カ月目に退院しましたが、リンパ腫による転移再発の危惧を抱きながらの帰宅だったようです。「体が楽になるから」と義母が参加している健康動作法教室に誘われ、夫も同伴するというので半信半疑で参加してきました。

躯幹捻りの課題では、少しきついと感じる部位がありましたが、「我慢しているとスーッと力が抜け」て、からだが「楽になりました」と気持ち良かった体験を話されています。それからは動作法が面白くなってきて、動かし難かった左腕がすっと上がるようになり、腰痛や膝痛に悩まされることもなくなって有難いと思っていると話されました。

術後、六年が経過した時点では、「再発の不安が全くないとはいえないが、あまり考えないようにしています」と述べています。友達と一緒に買い物やテニスができるまでに回復し、また夫と旅行することが楽しみになっているとのことです。

この症例のポイントは、初めて行なう動作法の「躯幹のひねり」課題を行なっているときの体験にあります。少しきついが、そこでジッと我慢していると、だんだんときつさになじんできて、その後ひねり状態を元に戻したときには「気持ちよかった」と、からだとこころが和んだ表現をしていることです。きつさに「からだ」が直面し、止めようか、それとも続けようかと迷う「こころ」が現れてきますが、「我慢しているとスッと力が抜けて」こころとからだが一体になって「楽になりました」という新たな体験をしたことに尽きます。

5 ガンと「あるがまま」に

ガン手術の外科医として著名であった土橋重隆先生（二〇〇七）は、先端医療に取り組まれておりました。二十数年間に食道静脈瘤内視鏡栓塞療法で二千例以上、腹腔鏡下胆嚢摘出術で七五〇例を超える手術を手掛けてきました。しかし、本当にガンを治しきれたかという疑問（人間はなぜ病気になるのか）に直面し、その後は緩和医療の病院で、ガンの原因を患者の生活史に求め、発症部位ごとのある共通心理の様相を面接調査から見出しています。

具体的には、右乳ガンになった方たちの聞き取り調査からは、本人が自覚できないほど慢性化されたストレス、たとえば嫁姑関係や家族内の長年の葛藤を抱えてはいたが、そのストレスを特別な状態とは自覚していなかった方たちが該当していたといいます。逆に、左乳ガンの方たちは、かならず思い当たるストレスに半年から一～二年前の間にさいなまされていた方たち、たとえば勤め先での激務や家庭と仕事の両立に精魂尽きる思いをしてきた方たち、身内に突然の不幸や思いもかけない災難に遭った方たちなどが該当していたといいます。さらに大腸ガンの発生部位でストレスが異なること、すい臓ガンや胆管ガンにも同様のことがわかってきたと述べています。

一方、転移性ガン等で余命を宣告された患者さんが、手術やその他の治療を受けずに寛解したり、ガン細胞が縮小している事例からは、ガンの病名告知から以降の患者の生き方にも共通性を見出しています。ガンを棚上げして（まずは諦めよう、考えることはやめよう、もがくのをやめよう）、ありのままに生きていこうとする身心のリセットが、ひいては自己治癒力を高めたのだろうと述べています。こうした土橋先生のストレス病因論や身心のリセットによるガンの治癒論は個人的には大変興味もありますし納得しますが、これらの事例は全体のガン患者数からみれば、まだまだごく少数派の域を出てはいないのも事実です。医学的には、遺伝子説や食物摂取を含めた生活習慣などの病因論は相変わらず主流を占めておりますし、摘出手術、放射線治療、抗ガン剤などの科学的といわれる治療を選択される方たちが多数であることも周知のとおりです。

日本臨床動作学会第二十二回大会のシンポジウムで、「がん体験における自己治療と動作」と題し、山中寛先生は、そのレジュメ（山中、二〇一四）で「当初は『がん＝死』という先入観に囚われ、死の恐怖に怯えていた。それを何とか凌ぎ、自分に向き合い、あるがままの自分を眺め、感じ、受け入れて、からだを基盤とした生き方に変えることができたのは、動作を通して自己に向き合い、新たな体験を得ることができたからだと思っている」と記しています。また、そのときの口頭発表では、新たな体験の感じを「上着を脱いだ感じ」と表現されました。

その後、お聞きしたところでは、「私が『上着を脱いだ感じ』と感じたのは、動作法で開脚前屈をしようとしているときに、硬いし痛いからやめようと思いつつも、もう少し頑張りもせず、逃げもせず、からだに任せて感じ続けてみようとしている中で感じたことです。そこに独特な緊張感と心的構えを実感しました」と体験感を表現しています。

山中先生とは、やすらぎ荘の心理リハビリテイション研修会に参加し始めたころからご一緒させていただき、寝食を共にしたことも数回を数えます。その後は鹿児島大学に奉職されて、スポーツ選手への動作法やストレス・マネジメントに動作法を取り入れるなどのご活躍をされました。さらに鹿児島大学大学院の臨床心理学研究科の創立にご尽力された方です。

ご著書（山中、二〇一六a）である『ある臨床心理学者の自己治癒的がん体験記』を上梓され、ステージⅣの宣告を受けてから七年間にわたって「ガン」と共に生きてこられました。病床で、その「あとがき」を書き終えた一週間後の平成二十八年三月二十二日にご逝去されました。心よりご冥福を祈りながら、先生の遺された一節を掲載します。

「大いなる命」に任せる（山中、二〇一六b）

不安や死の恐怖を鎮めるのに、これらの自己コントロール法でも十分効果があるのですが、体のスピリチェアリティに目覚めるとより確実になっていきます。

かつての私は、合理的でないものを信じて行動することはあり得ませんでした。なぜなら研究者として統計に重きを置いていたからです。それが変わったのは、何度も死にかけたことで、自分の体の中にあるスピリチェアリティに気づいたからです。誰にでもスピリチュアルな体験はあるはずですが、常識に囚われていると、それに気づかないだけなのです。従来の臨床心理学の方法に加え、もしも自分のスピリチュアリティに意味を持たせることができれば、恐怖心はなくなっていきます。

私は二〇一四年十二月から、「ひと月は持たない」と言われ続けながら生きています。医師の常識では、私が生きていることが不思議なのだそうです。それでも生きているのは、生かされているからかもしれません。人はいずれ死にますが、自分が生きているのは、自分を生かしてくれている〝大いなる命〟があるからだと思い直しました。抗わず、すべて〝大いなる命〟にお任せしようと。すると死は心のどこかに収まっていくような感じがして、それまではがんのことばかり考えていたのに、いただいた命をとことん生きてみようと考えるようになりました。死ぬ直前まで生きる喜びはあるはずです。

6　思いつくがままに

雲水修行中の自験例では、坐禅での姿勢動作が練習によって真っ直ぐになる（おさまる）にしたがい、意識面の活動が背景に退いていきます。その延長線上に喚鐘の音も「こころ・からだ」も同一という一体感を体験しています。

援助者としての体験1は、坐位での軸つくりの過程で、両肩をすぼめるような慢性緊張に対して、それを抑えるように両肩を少し反らせる援助をすると男子は頚を上げてきました。その頚が反らないように、そのままの位置を保つように援助者の両親指で後頭部を支える援助をしていると、自ら腰を伸ばし、頭から坐面に垂直なタテの感じをつかんだ様子の男子は、そのまま坐位を維持しながら周囲を見渡す動作につがっています。

男子は、自分のからだを支えられないだけではなく、重度の知的障害があり、母親と他の援助者とを識別できないほどでした。にも関わらず、頭の天辺から坐位面の尻までが一本の棒のように力が入ると、それからしばらくは、あたかも重力に即応しているかのように自身の姿勢を真っ直ぐ保持していました。

次に援助者としての体験2では、当初、Trの訓練への誘いに素直に向けられない自分の「からだ・こころ」の葛藤を、隅にうずくまり・奇声を上げ・耳叩き（自己刺激反応か、あるいは周囲の騒音を遮ろうとしてなのか）をすることで、あたかも自分の身（からだ・こころ）を守っているかのようでもあります。最初の行動は、SVの呼びかけが自分への攻撃と感じたのか、突き飛ばしに来ましたが、次回は訓練を受け入れる行動（受け入れる「こころ」・受け入れる「からだ」）として変容しています。

さらに援助者としての体験3では、意識的にも無意識的にも喋らないとしている「こころ・からだ」が課題に直面して痛い「からだ」から悲鳴が上がり、「こころ」が「痛い！」と後追いをする形で「ウッ！」と声になりそうになり

（後追いするこころは、喋ってはいけないと、からだからの発声動作を抑え込んだのでしょうか）、その後は「からだ・こころ」が一体となって「痛い！　痛い！」と悲鳴を上げたのではないかと思います。

「あるがまま」と「こころ・からだの一体感」とは同一の意味ではありませんが、自身の「こころ・からだ」が一体として作用していたと感じたその体験感はそれ自体が「あるがまま」であったのだろうと思います。「感」は後追いの体験なのです。

「からだ」と「こころ」に関して付け足せば、哲学者の市川浩（一九七五）は、「誤解をおそれずにいうなら、身体が精神である」と看破し、「人間の現実存在は、身体（理性によってとらえられた抽象的身体ではなく、生きた身体）をはなれてはありえない」と論述し、人間的現実を心身合一においてはたらく具体的身体の基底から、一貫して理解することを提起しています。市川は「心身」と表記しますが、わたしは「身心」という表記にこだわっています。

雲水修行中の自験例に戻れば、外界との一体感は、自身の「からだ・こころ」はすでに一体であり、それが外界との交互作用をなして「外界・自分の身」の一体感をなしている体験といえます。それすらも深浅はあるのですが、これに関連していえば、江戸時代の禅僧である白隠が残された『夜船閑話』には、「我小悟すること無数、大悟すること数回あり」と述懐されています。からだ・こころの一体的な状態にもスペクトラムがあるのだろうと思います。何も坐禅修行だけではなく、日常的な生活の中にも一体感を感じる体験や後追い体験があるということは事実だといえます。

ならば、「あるがまま」感は、特別な事象には違いはないが、高度といわれる「さとり」と同一視する必要はなく、日常でも起こり得ている事象であり、「こだわらなくなりました」「何も考えていなかった」「ああ、気持ち良い」「美しい」「自然にからだが動いていました」「咄嗟でした」という事象と軌を一にしているのだと思います。

山中寛先生は、「自分の拠り所になるからだが病で不調・不自由になった時こそ、自分らしくこころ豊かに生きていくためには動作を通して自己に向き合うことが重要であると身をもって確信している」と自己治癒の観点からまとめています。

脳腫瘍の摘出手術を三度もした女性の事例からは、土橋重隆先生の文脈に沿った術後の生き方や、動作体験が相乗的効果を出し、人生の再構築に寄与していると考えられます。

最近人気のある分子生物学者の福岡伸一先生（二〇〇七、二〇〇九）は、現在の分子生物学の脈絡から、生命現象を彼の理論的支柱である動的平衡の理論で「生命とは動的平衡にある流れである」と看破しています。動的平衡とは、体は単なる分子の集まりではなく、構成する分子は取り込む分子と絶えず入れ替わっており、体はその流れがもたらす一時的な「よどみ」みたいなもので、生命とはその流れがもたらす効果だと捉え、ルドルフ・シェーンハイマー――（Rudolph Schoenheimer）の提唱した「生命の動的状態（dynamic state）」という概念を拡張し、生命の在り方を「動的平衡（dynamic equilibrium）」と呼んでいます。

直近の著書である「福岡伸一、西田哲学を読む（池田・福岡、二〇一七）」では、哲学者の西田幾多郎の「生命」の記述を引用して、驚くほどに動的平衡の概念と似通っていると指摘し、動的平衡は、万物は流転する（パンタレイ）というヘラクレイトスの言葉の中にも、鴨長明の「方丈記」にも叙述されていると続けています。

この考え方は、大乗仏教の生命観（三法印・四法印）にも通じます。その中の「諸行無常」という「無常：つねならず」は、別の捉え方をすると「空」であり、「空」はすべてが縁によって流れていて、この時点として特定はできないから実体はないということです。意識や思考の対象にできるものはすべて「色」と呼び、「色即是空（般若心経）」とは、私たちが意識し思考の対象にしているものは、実はすべて流れているという認識です。我が国の生命観は実はこうした無常観の入った歴史であったのではないでしょうか。「平家物語」の冒頭も全く同様なフレーズから始まっています。

しかし、意識の使い方次第では、「流れ」としての「いのち」を感じることができます。それが「空即是色（般若心経）」です。この立場に立てば、からだの不調とは、「流れ」がよどむことで起きるという認識も首肯できます。もちろんこころの不調もです。思考は常に「流れ」でないものしか対象にできないですが、もし意識が流れの上に乗って一緒に流れると、私たちはまさに「思考」停止の状態となります。

雲水修行の話に戻りますが、平田老大師に「川の流れを止めてみよ！」という補助的公案をいただきました。そのときは、「春の小川はさらさら行くよ……」と老大師の面前で歌っていました。今ならどういう見解《けんげ》を工夫するだろうかと、楽しくなります。

瞑想の中には、流れに意識を乗せることで、身心の自在さを取り戻していく技（リセット）があります。この「流れ」を「あるがまま」と捉えるならば、これは治療理論になり得ます。その場合、「あるがまま」は治療の方法でもあり、目的にもなります。瞑想を使うかは別として、これは森田療法も同じです。

動作体験が、一時的にせよこのような観点と協応するならば、成瀬先生（二〇一三）の自己治療論も身心のリセットによるものだと断言できると思います。「あるがまま」感が、体験過程や体験後に生じる体験感として、一つの体験様式であるならば、個人的体験とされる「あるがまま」体験は普遍性または共通性があるのではないかと思っています。

まったくの蛇足になりますが、欧米では最近の緩和医療研究分野で、東洋のヨーガや坐禅を取り入れた認知行動療法としてのマインドフルネスや、とりわけ「祈り」を対象にした研究に費用を増やしているという話を聞きました。

●注

注1――臨済宗の修行道場に入門した修行僧（雲水）が、初めて師匠から頂く禅問答の問題のこと。
注2――臨済宗の修行道場で行われる集中坐禅週間。
注3――禅問答の答えを師匠に述べるために師匠の部屋に入ること。
注4――師匠である老師のおられる部屋のこと。臨済宗では参禅は隠寮で行うことを通例としている。
注5――禅問答での問いに対する自分の答え（境涯）
注6――臘月（十二月のこと）一日から八日まで行う大接心会。年間中で一番の修行行事と位置付けている。

●文献

池田善昭・福岡伸一（二〇一七）『福岡伸一、西田哲学を読む』明石書店
市川浩（一九七五）『精神としての身体』勁草書房
北西憲二（二〇一四）『森田療法を学ぶ』金剛出版
北西憲二（二〇一五）書評「動作法の展開 こころとからだの調和と活かし

方」精神療法、第四一巻第四号、五九七－五九八頁
河野哲也（二〇〇五）『環境に広がる心――生態学的哲学の展望――』、勁草書房
河野文光（二〇〇六）「ある自閉症児の訓練導入場面における構えの変化」2006 International Congress of Psychological Rehabilitation in Seoul、発表論文集2006、十四－十五頁
河野文光（二〇〇七）「ある自閉症児の動作訓練導入への一考察」吉備国際大学臨床心理相談研究所紀要、四、一三七－一四六頁
河野文光（二〇一二ａ）「場面緘黙症児のことば・からだ」愛知淑徳大学論集心理学部編、二、三七－四七頁
河野文光（二〇一二ｂ）「健康動作法教室の試み――地域在住者への動作法による健康支援――」臨床動作学研究、十六、十五－二六頁
河野文光（二〇一三）『動作でわかる――心理臨床の援助過程』成瀬悟策監修、（公財法人）禅文化研究所
竹内敏晴（一九九五）『ことばが劈かれるとき』、思想の科学社
土橋重隆（二〇〇七）『ガンを超える生き方』、徳間書店
成瀬悟策（二〇一三）開扉の辞『動作でわかる――心理臨床の援助過程』成瀬悟策監修、河野文光著、（公財法人）禅文化研究所
成瀬悟策（二〇一四ａ）動作療法、九州臨床動作法研究会第十六回研修会レジュメ
成瀬悟策（二〇一四ｂ）『動作療法の展開』、誠信書房

福岡伸一（二〇〇七）『生物と無生物のあいだ』、講談社
福岡伸一（二〇〇九）『動的平衡』、木楽社
村田茂監修（一九九三）『動作訓練入門』、日本肢体不自由児協会
森田正馬（一九七五）森田正馬全集、第五巻、高良武久編集代表編、白揚社
山中寛（二〇一四）がん体験における自己治療と動作、日本臨床動作学会第二二回大会発表論文集、五〇頁
山中寛（二〇一六ａ）『ある臨床心理学者の自己治癒的がん体験記』、金剛出版
山中寛（二〇一六ｂ）死の怖さと向き合う心理療法、文芸春秋五月号、三〇六－三一四頁
芳澤勝弘（二〇〇〇）『白隠禅師法語全集第四冊 夜船閑話』、（公財法人）禅文化研究所

対談
からだ、こころ、いのち

成瀬悟策×玄侑宗久

（司会）河野文光

対談に至った思い

司会（河野） 只今から、対談を始めるに当たりまして、私の方からお二方の紹介を兼ねて、この対談を企画したいきさつ等といいますか、思いついた経緯等を少しお話しさせて頂きます。その後、それぞれ二十分くらいずつの予定でお話を頂き、その後はお二方からの質疑応答、あるいはご意見等を言って頂き、双方の対談のような形で進めていきたいと考えております。

このような企画でございますので、フロアの皆様方からご意見を頂いて、やり取りをする形は時間的に難しいと思っておりますので、質疑応答の時間を設けないでやろうと思っています。このことを最初にご了解頂きたいと思います。

臨床心理学一筋の成瀬先生

まず九州大学名誉教授の成瀬悟策先生です。動作法療育キャンプの関係の方々は良くご存じだと思います。それこそ日本の臨床心理学界を背負ってこられた方で、御年九十三歳（対談当時）の今日まで現役でおられて、すごい方なんですけれども、先生がおっしゃるには、当初は精神分析から始めたと伺っています。その後、催眠療法とか自律訓練という方面に移られまして、ドイツのシュルツという有名な学者がおりますが、その方と先生との共著の『自己催眠』という本も出されて、世界的にも非常に著名な先生でございます。日本でも臨床心理士の資格ができたのですけれども、その第一号は成瀬先生でございます。

催眠から動作法

その一方で、小林茂先生だったと思いますが、たまたまある脳性まひの成人の方に催眠をしていると、肩が弛んできて今まで挙がらなかった手が挙がった、という事例が出てきました。成瀬先生も催眠をずっとやってこられておりましたので、その催眠の事例からご自身も検証されたりして、手が挙がる、それなら立つこともできる、そうした発想からスタートされたのが動作法ではないかと思っております。

催眠はそもそも自分で行なっている活動ですが、自分でやっているという自意識は少ないわけです。それなら催眠を使わなくても手は挙がるのではないか、ということで脳性まひの方の動作の訓練が始まったと伺っております。その経緯がNHKの「明日を拓く」という当時の番組で放映されまして大きな反響を呼んだと聞いております。その後は脳性まひの方への「心理リハビリテイション」という名称でキャンプ形式の研修会が開かれるようになり、各地に広まって行きました。

自閉症に適用

その次に、私たちの仲間と言いますか、東京の方でやっておられた先生方が、自閉症のお子さんたちにこの動作法を適用したら、今まで名前を呼ばれても振り向きもしなかった子が振り向いたとか、視線、アイコンタクトと言いますけれども、目と目が合うようになったというようなことが報告されるようになり、それでは皆で事例を持ち寄って検証しようじゃないかということになって、自閉症の子どもさんたちに適用するようになっていきました。

心理療法としての動作法

さらには、統合失調症という、昔の精神分裂病ですよね。二十年も三十年も病院でズッと生活していたり、挨拶もしないような方ですね、その方たちに動作法を行なったら笑顔が出てきたとか、あるいは挨拶ができるようになったという事例も出てきました。そこからは一気にこの動作法が広がっていきます。中には体育学部にご赴任した先生などは、投てきの選手、槍投げだったと思いますけれども、重心移動の練習をしたら、距離が伸びたという結果も報告されてきました。

もともと成瀬先生は一九六四年の東京オリンピックのときの選手の強化委員をされておられ、当時はたぶん「あがり対策」だったと思うんですけれども、そうしたことにも関わって来られておりました。動作法そのものを、その「あがり対策」のような形で考えていた方もおりまして、スポーツ系の方にも動作法が広がっていきました。ノンプロの野球チームの合宿にコーチとして招聘された山中寛先生は、そうした実践を報告しておられます。

さらには、ストレスマネージメントと言いまして、自分のストレスを自分でマネージメントしていこうという機運が高まり、とりわけ学校教育の中に取り入れられるようになってきました。その技法に動作法が用いられるようになり、普通学級の活動として、さらにいじめや不登校の子どもさんへの対応として、心のケアや、あるいは最初からストレスをマネージメントしていこうという、学級の教育活動として使われるようになってきております。また、動作法を使ってスクール・カウンセリングをする、いわゆる動作法面接ですけれども、そのようなことも行なわれるようになってきました。

いろんなところに波及してきて、もちろん心理臨床の現場でも統合失調症の方への適用事例が発端となり、それならば神経症でも効果を期待できるのではないか、うつの方とかね、そういう方にも動作法が使われるようになり、広まっていきました。

この様に、今あらゆる処で活用場面が増えてきています。私も地域の高齢者を対象とした健康動作法教室をやっています。高齢者の方は腰痛とか肩や膝が痛いとかの症状を訴える方が増えています。そういう高齢者の方から、さらには赤ちゃん体操に動作法を用いるという方もおります。とにかくさまざまな人に適用して、色々なケースがたくさん出てきています。五十年くらいかけて現在のように広がってきたわけです。その元を作られたのが成瀬先生であります。

成瀬先生のお弟子さんは、学者と言われるような方たちだけでも六、七十人くらいおられます。一人の教授が六、七十人も弟子をつくるなんて、もう化け物みたいな存在ですけれども、そのくらいのことをやってきた方です。そうしたご功績が認められて、二〇〇一年だったと思いますけど、勲二等瑞宝章の叙勲もされております。

芥川賞作家　玄侑さん

それから、一方の玄侑宗久さんでございます。玄侑さんは皆さん方、中日新聞のコラムなどでお馴染みの作家でございますけれども、福島県の三春町という処でお生まれになられて、慶応大学の中国文学科をご卒業になられ、ご本人が言うには、さまざまな職業を経てという風に書いてありますけれども、さまざまな内容は聞いておりませんが、その後、京都の嵯峨にあります天龍寺の修行道場に入られます。実は、天龍寺の修行道場で雲水生活をしたのは私が先輩なんですが、八年程前の先輩になります。まったく存じ上げませんでしたが、その修行道場で修行された方たちの同窓会がありまして、「会下《えか》会《かい》」と言いますが、たまたま彼の周囲で話がはずんでいて「残念だったね」と言われているんです。それで、「何がだ？」と思って耳を澄ましていたら、実は芥川賞にノミネートされていたがだめだった、という話なんです。その小説が『水の舳先』というタイトルだったと思います。「なんだ、そんな小説書いているなら、俺にも送ってよこせよ」と、先輩面で言いましたら、それからは出版する度に送ってくれました。そういう関係でございます。

その後、半年くらい後だったと思います。新聞を見ましたら、芥川賞の第一二五回ですかね？　見事受賞されました。成瀬先生が叙勲された二〇〇一年の同じ年に、片や叙勲、片や芥川賞、これも不思議な奇縁かなと思っております。それからは、たくさんの小説をお書きになられ、随筆、新聞のコラム、さらに著名な方との対談も上梓されております。

土橋重隆氏との対談

対談本は幾つかありますが、注目した対談に、土橋重隆氏という外科医との対談が印象的でした。土橋氏は、約二十年間に二七〇〇例以上というもの凄い数のガンの手術を手掛けてきた方ですが、ガンの手術そのものに疑問を持たれ、以後は手術を止めてガンの発症原因や緩解に向かう過程に注目され、患者さんの「こころ」の持ち方や生き方が関与している、ということを聞き取り調査から実証している方であります。ガンが治癒するということは、どういうことかという話から始まって、何にもしなくても治ってしまう、そういう事例もある。そうした聞き取り調査を通して、どうも「からだ」と「こころ」がリセットした状態になっていると言うんです。「もういいわ、そんなことは。死ぬなら、いつ死んでもいいわ」というように、尻をまくったような、本心からそんな気持ちになる。そういうことがどうもガン細胞を縮小させているのではないか、あるいは消えてしまうのではないか。そんなお話だったと思います。私も、これは凄いことだなと思っております。

「からだ」と「こころ」のリセット

その後、私も三ヵ所に脳腫瘍ができた方の術後の対応をした事例があります。今はお元気で、もう八年以上になります。これは健康動作法教室での事例です。からだとこころのリセットは、玄侑さんのお得意のジャンルですが、仏教や道教のような東洋の、ヨガも含めて煎じ詰めれば「からだ」と「こころ」のリセットに尽きると私は思っております。

玄侑さんは先にもお話ししました通り、いろんな方と対談されておられ、私が紹介しきれないくらいです。ご存知のようにお寺の住職さんでございます。福島県の三春町は、三つの春と書くのですが、三つの春が集まるのか、それぞれの近隣の春が順次来るのかよくわかりませんけれども、そこの福聚寺というお寺の住職さんです。福聚寺という名前は実は私のお寺の名前と全く同じでございます。これもまた奇遇と言ったら奇遇ですが。

対談の思い付き

お近づきになってからは、一回ちょっと私の師匠と対談してもらおうと思いまして、私のモヤモヤしたところを少しでも諦《あきら》めてくれるか、余計にモヤモヤするかはわかりませんけれども、という軽い気持ちでお願いしました。師匠にもお話をしまして、両者ともご快諾をしていただけたという経緯でございます。

僭越ですが私のことを少し話させてください。成瀬先生が脳性まひのお子さんの訓練をされたのを初めて見たのは、安田生命の研修会で、私が二十五歳のときでした。それは、私の目には魔法としか言えない、形容し難いようなパフォーマンスで、立てない子をスルスルスルと立たせちゃったんですね。「これ、なんだ?」ってことで、それから病み付きになって、今日までズッとご指導を頂いていますけれども、そこがスタートです。

その後、私は三回目になる動作法キャンプで、北九州の療育センターの所長さんで高松鶴吉さんというお医者さんがいますけれども、成瀬先生とは昵懇の間柄だったみたいですが、その高松先生が送り込んで来た子どもさん、脳性まひのお子さんを、それとは知らされずに担当させられました。その子が実はですね、五日目に立って、歩いたんです。それまでクラッチでは歩けていた子です。そのことがあって、私はこの世界にはまったんです。そういうことがあるんだということを、肌で感じました。

その後、自閉症のお子さんを担当するようになって、実は自閉症のお子さんが私にちょっかいを出すようになりました。こういう剃髪した頭をしていますから、奇異に映るんですね。後ろから来て、こうやって頭を触りに来るんです。その後で「おいでよ」と言うと、ちゃんと私の膝の中に入って坐ってくれるんです。それで、私は何の躊躇《ためらい》もなく、その自閉症のお子さんとの訓練にスムースに入っていくことができました。実は自閉症の訓練はなかなか難しいんです。

さらに緘黙症の子どもさんに対して、「躯幹のひねり」という技法があるんですけれど、そういうことをやっているとき、「痛い、痛い！」と言いだし、「どこが？」と聞くと、腰に手を当てて「ここ！」と言いました。その子は三回目のセッションで自分から喋ったんですよ。それからは、普通にコミュニケーションがとれるようになりました。

もちろん、なかなか上手くいかないケースも一杯ありました。だけど、上手くいったケースを検証してみると、どうも私が上手だったのではなくて、私とその彼らたちとの間に何かあったんじゃないのかな、そんなことを思い付くに至って、「それをどういう風に表現したらいいのだろうか？」と思っています。

成瀬先生は、治っていくということは「自己治癒」だということを、口癖のように昔からおっしゃっています。でも、何か私との関係で、そういうことが起きているのではないかな？　たまたま、成瀬先生は非常に言葉を作るのが上手な方で、今でも「動作」ということにもの凄く注目しているんですが、「動作のこころ」と「自己のこころ」とかね、訳がわからないかもしれないですけど、そういう造語を使われたり、「自己」ということに対しても、もの凄く独自のものを持っておられる。その表現の仕方をどういう風にしたらいいのか、仏教ではもっと難しい言葉になってしまうんですけれど、でも同じ人間を相手にしていることであるから、何とか説明できるのではないか、そんなことも思いまして、今日は応援団のつもりで玄侑さんに来て頂いた次第です。

玄侑さんも、「からだ」の所作とか、それから作法とか、さらに呼吸ですね。息、そういうことについても、いろんな方と対談され、ご執筆もなされておられ、うってつけではないかと勝手に思っております。前置きが長くなりまして恐縮です。意図があるようで、ないような、企画でございます。何となくわかって頂ければいいかなと思っております。それではお待たせしました。先生方のお話をお聞きしたいと思います。最初に成瀬先生の方からお話をお願い致します。

動作とは

成瀬　今まで、大体二十分かかりました。私に二十分間で動作療法の話をやれということですが、それはなかなか不可能と思いますが、いずれにしても、今日はその「こころ」と「いのち」とか、「からだ」とかの話を玄侑さんとゆっくり対談をさせていただくつもりでいましたが、私には雇い主の方から動作療法をやれということでございます。しかも二十分でやれということですから並大抵のことじゃありませんが、まあ河野さんが時間を超過したくらいには超過をすると思いますが、一応話をさせて頂きます（笑い）。

動作というのは、何故そうなったかというと、先ほど「自己のこころ」という話が出ましたが、「動かそう」という主体的な気持ちがあって、その結果「からだ」に働きかけたから、「からだが動いているな」という感じがある。それが「からだ」の体験ですね。それで、「動かそう」と思う力と、「動いている動作」、動いている「からだ」の動きとは一つになって一体的に働いているときに、「からだ」は思い通りに動く。そういう状況にあるのを、動作が上手くできているということにします。

動作が今、全く動いていない人、あるいは非常に多くの人は「からだ」のあちこちがよく動かない。さらには変な動きになってしまう。なくて七癖と言いますが、その七癖のようにいろいろ変な動きになってしまう人がおります。さらに痛みが出て、動かさなくても痛いという人もいます。一番代表的なのが肩こり、それから腰痛です。これはもうかなり多くの人に見られ、小学生でも今、肩こりのある子が割合多い。それから、女子大の一クラスで「今、腰痛のある人?」と言うと、半分は手を挙げます。さらに、今は痛くないけれども、ちょっと疲れたときには腰痛で夜寝られないようなこともある。それらを含めると、だいたい女子大一クラスの三分の二くらいの学生たちは腰痛があります。歳をとってくれば歳をとってくるほどに、段々そのパーセンテージが増えて、四十から五十歳を過ぎて肩こりとか腰痛とか、それに類したからだの調子の悪さなど、動作の不調のない人はほとんどないくらいに、皆不調に悩まされるようになります。

動作の不調

どうして動作が不調になるかということですよね。調子が悪いからと言って私の処にやって来る人は、非常に物事にこだわる人、それから気にする人、非常に神経質な人、真面目な人が多いんです。そういう人を見ると、今言ったように、からだの躯幹部ですね。躯幹部で背中が屈《ま》がっている人や、首が変に歪んで伸びている。それで、首が痛い、肩こりがある、それから猫背で背中が痛い。腰痛というのは大体腰がクイッと反り返っている人が多いのですが、腰に変な力を入れている人が多い。それで痛い。というように、動作の不調を非常に多くの人が持っています。

これは今言ったように、物事にこだわったり、それから後になって反省したりする人が多い。さらに、何かちょっと難しい状況や嫌な状況、さらにストレスフルな場面になってくると、どうしてもからだに力を入れて頑張る。頑張らないと不安定になりますから、力を入れてくる。その力を入れる処が肩周りか腰周りということです。それで、肩こりや腰痛というのは大体の人が持っている問題です。

ということは、からだの不調を作るような日常生活の仕方をしている人が非常に多いんですね。そういう人はどうしてもからだに力を入れ過ぎる。それから、普通は力を入れても終わればサッと力を抜くんですが、それがなかなか抜けない人がいる。大部分は抜いたんだけど、最後のところがシュッと抜けないで残している人がいる。そういうのは毎日毎日の生活ですから、習慣化します。そうすると、その緊張とか体の動かなさは慢性化するので、筋肉が緊張して慢性化すると硬くなって、いつまでも緊張が残るような、そういう緊張の仕方になっていきます。それが体の不調になっていくわけですから、これは結局、そういう生活をしている人は、自分で自分の体の不調を作っている人だということです。これが一番大事なところです。

動作不調を治す

それで、だからそれを治してくれと言って来ますけれども、自分で作ったものは自分でしか治せません。他人が治すときは、訳わからんけれどマッサージか何かしたり、それから痛み止めの麻酔剤を注射する、というようなやり方しか今のところないわけです。自分が作った動作なんですから、動作の不調は自分で治すしかありません。「その気がありますか」と訊いて「やる気ありません」と言えば、私のとこはもうこの人は縁なき衆生だから、「別のカウンセリングの先生の所に行きなさい」と言って回します。「やりたいから、自分でやるから診てくれ」ということであれば私が診ます。何を診るかと言うと、体中の関節部位です。関節が自由に、思うように動いていればいいんです。それが上手く動かないから、関節が屈《ま》がったままの人は伸ばそうと思っても伸ばせない。膝が屈がったりして、膝がいわゆるO脚になったり、X脚になっている人ですね、一杯います。それから、股関節が伸びきらないので、腰がサッと伸びない。それから背中ですが、腰がこんなように凹《へこ》んでいる。それから肩は屈がって力が入って肩こりになっている。全てそういう癖は、「自分がこしらえたのですから、自分で治しましょう」と言います。

したがって、どうやって治すかというと、そうやって各部位を調べます。どこにどういうからだの不調があるかを調べていきます。

肩挙げ　肩開き

例えば肩こりの人は、肩をちょっと動かしただけでも「痛い痛い」と言います。動かそうと思っても肩が動かない人が多いんです。そこでどうやるかと言うと、肩はこうギューっと、挙げさせます（肩挙げ）。これは両方一緒には挙げません。片一方だけギューっとやっていく。これを耳に付けられるぐらい、真っ直ぐ上に挙げさせます。

それから、両肩開きですが、これは一杯まで両肩を開いていきますが（肩開き）、「ハの字になるように片側ずつ動かす練習をしましょう」と言って始めます。そうすると、そんな動きをしたことがないから、大体どうやれば動くかもわからない人もいます。

動いていても、「動かせたのか動かせていないのかもよくわからん」と言う人もいます。「からだの感じなんて感じたことがない」と言う人がほとんどです。

腰の屈《まげ》伸ばし　腰の踏み締め

そういう人に、今の肩挙げや肩開きをやるのと、それから腰骨です。腰骨（骨盤帯）を前に出したり、後ろへ屈げて倒していったり（腰の屈《まげ》伸ばし）、左右の動き（腰の踏み締め）をできるようにする。そうすると、自由に動かせるようになりますので、腰は非常に楽になるから、自由に動くようになる。

それから、真っ直ぐに立てた腰骨の上に上体をデンと乗せれば、もう非常に安定して腰も定まって真っ直ぐになります。さらに肩こりは肩がよく動くようになるから、もう痛みも何にも出て来ません。

こうした練習をする課題を出して、その課題を治療課題として、それをクライエントとセラピストとで共同作業するわけです。一緒に上手く動かせていければ良いですが、普段そういう動きをしたことがない人だから、動かそうと思って、一杯に力を入れ過ぎる。それから、動いているというのも、実際は動いているのですが、本人は動いている感じがわからない。そうすると、動かそうという、先ほど言った「自己のこころ」の方ですが、それがもうドンドンと一杯に力を入れるから、余計に「動作のこころ」の方が、動作は無理矢理動かされるから、段々と硬くなってしまって痛いわけですね。

肩こり

肩こりで硬いというのは、緊張しているわけです。そこを動かしていくのですから、これも緊張です。緊張は二重になるから、段々痛みがひどくなる。それに少し軽い痛みが出ても、そういうタイプの人は、「あ、痛いからもうやめます」と言って逃げちゃう人がいる。それから、肩を上に挙げるのに、前の方へ出すと楽になるから挙げるつもりで肩を前に出している。だけど、それはまた新しい動作の不調になり、また新しい痛みが出て来る。こんな風に、上手くいかない人はどんどんと不調になります。

肩の痛みの取り方

逆に上手くいく人は乗り越えていくと、今度はもう少し痛みがひどくなる。そのときに、どうやるかというと、大体そこで力を「キュッ」と上手く抜けると、痛いのは取れちゃいます。さらに進んでいくと、もっと痛みがひどくなってくる。そうするともう、力を抜くというのは、ずいぶん努力が必要ですからなかなか抜けない。そのときにどうやるかというと、ピタッと止めます。動きを止めて、精一杯いった痛い処で、後はからだにお任せするのです。この後は「どうにでもなれ！」という気持ちで止めてからだに任せて待っていると、そうですね、数秒でスッと痛みが消えます。これを筋電図で測ると、瞬間的に「スッ」と緊張が取れています。ですがゼロにはならない。それは、これだけ動かしていたのだから、その分、緊張しているんです。でも痛みが取れる。痛みが取れれば、また動かせるようになるから、少しずつ動かしていく。それで、目的通りに耳に肩が付くようになる。何回かやると、思い通りに動かせるようになってきます。上手く動かせるようになると、非常に楽になります。そうすると「からだを動かそう、動いているな」という感じがわかるようになってきます。

意識化から無意識化へ

「動作のこころ」と先ほど言っていた、「動かそう」という気持ちを、今度は、どこまで動かすかというと、「動いているなあー」というからだに、「ここ、一杯だよ」というように動いている。それにちょうど「動かそう」という力を同じ強さに合わせる。それで、ちょうど良い塩梅に合わせると、今まで痛かったからだからスッと痛みが消えます。そうすると、後はもう楽に動くようになる。スッと調整して動かせるようになったというのは、意識化して調整したんです。それがいつでもできるようになると、意識しなくてもその痛みが出たときには、「スッ」と痛みに対応するくらいの力を入れて、強さを合わせる。そうすると、痛みが取れるから、からだが自由に動かせるようになります。このようにして、治療課題を出して、不調になっているからだを動かせるようにするのが、動作法と言われるものです。

動かせるようになると、一方は体を不調にしてきた、不調にしようという自分のこころの中の、「不調にしよう」「不調を作ろう」という力を一方で入れている。それから、「不調を消してしまおう」という方の意識で、「消してしまおう」という方の力で、もう一方が働くようになった。そうすると、両方の力が真正面から拮抗するわけです。その拮抗する中で、「意識的に働かしましょう、動かしましょう」、というのが段々と優位になってくる。そうすると反対に、「不調を作ろう」とする力は段々消えていってしまいます。そうすると、からだが自由に動くようになる。さらに自由に動くようになって、後はそれに慣れてくるに従って、意識しないでも肩にちょっととこわばりが出てきたら、「スッ」と力が抜けるように、無意識的に動かせるようになる。からだはそういうことができるようになります。これで無意識化ができるようになると、あまり自分で頑張らなくても、自然に肩の力を抜き、それから腰を弛めて自然に良い塩梅に動かせるようになる。というように変わってきますと、もうからだは自由に動くようになる。

からだの自由がこころを自由にする

逆にからだが不自由になればなるほど、からだの動きも不自由になって、気持ちが狭くなって、それで暗くなっていきます。

今度は反対に自由に動かせるようになると、気持ちも前向きになって、明るくなって、非常にその人なりに創造的になってくる。さらに生活が非常に楽になってくる、というように変わってきます。そうすると、その頃になると、クライエントが「この頃、気にならなくなりました」、というような感じを述べるようになります。それから、非常に今まで、色々なことにこだわっていた人が、「あまりこだわらなくなりました」。中には「もう人は人、私は私なんだから、あんまり周りの人に気を遣わないで、自分は生きようと思います。生きられるようになってきました」と言うように、生き方の感じ方が非常に変わってきます。

中には、今まで自分をいじめていた上司がいる。それで嫌いなだけの人だった。それが「この頃はあの人、性格が変わってきて、私をいじめなくなりました」と言うので、「本当に、あの人変わったの？」と訊くと、しばらく経ってからまた来て、「いや、あの人は変わらないけど、私が変わったようです」と言うんですね。つまり、自分が変わることから、あまり周りの人に気を遣わないで生きていけるようになる。そうなると、もう心理的に治療はできた、ということになります。

問題は何が変わったかというと、動作法というのは、からだの動きしか扱わなかったのです。そうしたら、その人のストレスを含めた生活の仕方が、今までは非常に過大に反応していたのが、過剰な反応をしなくなって、それで適切に対応できるようになってくる。そのときにはストレスも何もなくなってしまうのですね。こういう状況になってきたときは、もう私の心理療法は終わりとなります。こういうプロセスを辿ると思います。ちょっと超過しましたが大体の話はしましたので、後は皆さん方で理解を進めてください。以上です。

司会　有難うございました。
　では次に玄侑さん、宜しくお願いします。

「からだ」と「こころ」

玄侑　こんにちは。あちらにいらっしゃる河野さんが、怖い先輩なもんですから、「来い！」と言われまして参りました。成瀬先生に昨日お会いしまして、本当にびっくりしております。私は、自律訓練法を習っていたことがあるんです。その自律訓練法を日本に紹介した先生だったというのは知りませんでしたし、臨床心理士の第一号だというのも知りませんでした。何より東京オリンピックで「あがり対策」に関わっていたことにも驚いています。今、盛んにオリンピック選手がイメージトレーニングというのをやっていますけれども、あれも私は、本来的な「祈り」の形だと思っていて、とても大事だと思っています。そういうものを早くから紹介してきた先生だということを初めて知りました。昨日お会いしまして大変面白くお話をさせて頂き、私自身は満足してしまいまして、もう帰ってもいいんですが、そういう訳にもいかないということで務めさせて頂きます。

「からだ」と「こころ」

今、先生のお話にもあったんですが、何というんでしょうかね。我々は、この「からだ」と「こころ」をいつの間にか分けて考えるようになった。日本人の元々の考え方というのを、ちょっとご紹介したいと思います。先生は、おそらく元々の「からだ」と「こころ」は一体であるということを、改めて長いことやって来られたのだと思います。最近は、わざわざ言わないとわかってもらえないこともありまして、特に「からだ」という言葉ですけれども、これは割合と新しいのです。元々の「からだ」という言葉はですね、「からっぽの状態」「からっぽの器」のことを言いますから、英語でいうBodyと一緒で、ほとんど死体のようなものでした。

身《み》　魂《たましい》

「からだ」に対する言葉は、「魂《たましい》」なんですね。魂が「からだ」にきちっと入っている状態を、日本人は「身」と呼んだのです。この、我が身の「身」ですね。ですから、「身」という言葉で一つであったものを、わざわざ「こころ」と「からだ」というふうに分ける必要はない。「こころ」がしっかり具わった状態を「身」と呼んだのです。

ただ、成瀬先生がおっしゃるように、「動作のこころ」というのは、生まれたときから変わらずにズーッとあるわけですけれども、その他に我々は「自己のこころ」と先生がおっしゃるところのものを、段々と育んでしまうわけですね。

仏教の道歌に、「幼子の　次第次第に知恵づきて　仏に遠くなるぞ悲しき」という歌があります。子どもの頃は、「動作のこころ」と、「私のこころ」は一体だったわけです。というよりも、「私」というものがまだはっきりなかったわけです。

自己のこころ

ところが、物心がつくに従って、……余計なことですが、「物心がつく」というのは社会心理学でちゃんと定義がある言葉で、たとえば、好きな饅頭でも何でもいいんですが、一個載せた皿と二個載せた皿を「どっちでもあげるよ」と言ったときに、迷わずに二個の方に手を出した、というときに、物心がついたと言うわけです。物心がついたというのは、欲が出て来たわけですが、そうして物心がついて暫くすると、今度は「知恵づく」と言いまして、一個と二個を両方示されると、「いや、僕こっちでいい」なんて、一個の方をもらったりするようになるわけですね。これはまた別の知恵が働いてくるのでありまして、母親がそうした方が喜んでくれるということがわかるんですね。自分の物欲よりも、もうちょっと違う欲が出てくる。段々と色々な欲望が育っていきまして、記憶力も育ってきます。そして「自己のこころ」ができてくる。この「自己」はどういうものかと考えると、非常に大きいのは、生まれたときにはなかった二元論というのを覚えているわけですね。「これが良い」「これが悪い」、「これが綺麗」「これが汚い」。

自己の二元論

しかし考えてみると、この、特に「綺麗・汚い」なんていうのは、根拠がないんですよね。「汚い」という言葉を、どういうものが汚いのかを定義できる方いますか？　たとえばね、「大腸菌は汚いでしょ」と言うかもしれませんが、大腸菌の化学式のどこが汚いのか、そこまで言っていただかないとわからない。今は大腸菌でインスリンを作っているわけですからね。そうなると、インスリンも汚いのかっていうことになるわけです。あるいは、我々の皮膚には常に、人によっては十万種類以上の菌があると言われています。ですが、菌がたくさんあるので拮抗していて、どれも悪さをしない。これが健康な皮膚ですよね。それが、もの凄く強い消毒を受けてしまったら、三種類くらいしか残らないという状態になると、その三種類が皮膚を犯して皮膚病という状態になるわけです。そうすると、何が汚いのか。菌が少ないことが綺麗なのかどうか、それもよくわからなくなる。

したがって、何が汚いのかと言いますと、究極的には「自己」以外が汚いのです。自分以外が汚いわけです。自分の仲間、自分と一体化している物は汚くないわけですね。唾もそうですし、おしっこもそうです。自分のからだの中にある状態のおしっこを汚いと感じる人はいないわけですが、体の外に出した途端に汚い物になる。ですから、自己と自己以外がはっきりしてくるに従って汚いという物ができてくるわけです。

そういう自己というものが関係性の中で、このように定められてくるに従って、色々な処で協調性を失っていって、「病む」ということが起こってくるのだろうと思うわけです。私は、何て言うんですかね、物というものが単純に物なのではなくて、我々にとって、私にとって、この物というのはどういう物なのかということに意味があると思うのです。物質が万人に同じように働いているとは思っておりません。

右の乳ガン　左の乳ガン

たとえば、さっき土橋先生の話が河野先生から出ましたけれども、土橋先生という方は、病跡学というのをやっていまして、どういう性格の人が、どこにストレスを持っていき易くて、そのためにこういう部位のガンになり易いという研究をしています。まあ、末期ガン患者5千人以上にインタビューしたデータを基に、いろいろとやっているんですが、右の乳ガンになる方と左の乳ガンになる方とは性格が明らかに違うと言います。右の方に運んでいくストレスというのはどういうものかというと、わりと我慢強い方なのですね。ですから、微弱なストレスが長いこと続いていたときに右の乳ガンになり易いと言っています。たとえば嫁姑の関係とか、ですね。じゃあ左の乳ガンになる方はどういう方かというと、非常に激しい部分がある方なんで、ストレスを爆発させる。あるいは、巨大なストレスが一時期もの凄く掛かっていた方だと言います。今では、お話しを聞いているだけで右なのか左なのか、その人はどっちなのかは一発でわかるようになったとおっしゃっています。

そのくらい病というのは気持ちと関係しているわけです。「病は気から」と言いますけれども、あの、うどん粉をご存知ですよね。自分が信頼している先生から、うどん粉をですね、「飲んでいるだけで効くよ」と言われただけで、あるいはアメリカから来た良い薬なんだと言われて、処方されただけで、うどん粉で三割以上の人が治ってしまうわけです。ですから今、新薬の検査というのは効果が三割を超えないと、薬品として全く認められません。そうでないと、うどん粉と一緒だということになっちゃうわけです。

つまり信頼というものが、薬品の上にもちゃんと乗っかっているわけです。そういうことを言うと、からだの蓄積というものは、先生もおっしゃったように、長い間のストレスによって、からだの傾向というのができているわけです。

多重人格者のこころとからだ

ところで、多重人格障害というがのがありますね。解離性同一性障害です。私は、「阿修羅」という小説を書くのに、催眠術を習いまして、多重人格の方のカウンセリングに何度か同席させていただきました。本当に不思議なんですが、六十代の女性の患者さんなんですね。そこでいろんな人格が出てくるんですけれども、中に十五歳の少年が居るんですよ。で、フッとしたときから瞼《まぶた》を落としていきまして、フッと上げたときから十五歳の少年になるんですね。じつはそのおばさんは老眼なんですが、十五歳の少年になると老眼鏡がなくても本の文字が読めるんです。眼球も十五歳になるんです。右利きの本人に対して、出て来るもう一つの人格が左利きということもあるんです。これを一体どう説明するのか。

「こころ」が変われば「からだ」も変わる

からだが単独で動くことはないですから、こころがその背後に必ずある。そのこころがガラッと変わると、からだもまるっきり変わってしまうということが起こるわけです。そういうことをお示しするのに面白いかなと思って、一つお見せしたいんです。成瀬先生は治療に当られていますから、実にきめ細かいのですが、私は、腰をどうするとか、膝をどうするという、個別のことはしません。安心している状態のからだを作ることを大事に考えています。「心配なんです」「不安なんです」という方は、「不安なからだ」になっているわけです。そうした「不安なからだ」だから不安が居易いわけですね。ですから、からだの方をまず安心させてしまうと不安は住みにくい。例えば、ゆっくりした呼吸をしながら、怒《いか》るということはできないんです。つまり、腹を立てるときには、腹を立てるからだになっているわけです。そのからだの方をまず脱力して安心させてしまうと、いろんなものが除かれるということがあります。ちょっとお示ししたいと思います。

実技1

玄侑 私は、色々な方法で脱力したりします。あの方、宜しいですか。ちょっと前に出て来ていただけますか。

〈会場から男性が登壇。玄侑師の肘と手首を持って、肘を屈げるように指示される。〉

私がこの手の力を抜きますので、抜いた状態で、ここところを持っていただいて、クシャッと、こう。

男性A クシャッとやればいいんですか？

玄侑 そうです。力を入れて、これを閉じてもらいたいんです。まだですよ。はい。

〈男性は玄侑師の脱力した腕を、肘の処で屈げようと試みる〉

男性Ａ　無理です。

玄侑　諦めるのが早い。

男性Ａ　本当ですか？

玄侑　あ、じゃあ、こうやりますから、これをグッと押して。

〈今度はまっすぐに伸ばした腕を、肘の部分で曲げるよう指示〉

男性Ａ　わかりました。

玄侑　〈全力で曲げようとしたが曲がらない〉

はい。有難うございました。これ、脱力しているので、力対力にはならない。私がもし力を入れて耐えているんであれば、力が強い方が勝つわけです。しかし脱力していると全然屈《ま》がらない。これはどういうことなんでしょう。これ、「からだ」と「こころ」の関係を非常にシンプルに示しているものですよね。脱力するというのは、「こころ」の在り方をある状態に持って行ったわけです。そうすると体はかなり変わっちゃうという話です。有難うございました。

司会　それでは、お二方に触りの部分と言いますか、お話を頂きましたので、これからは、どちらからでも結構でございますので、ご質問だとか、或いはご意見を言って頂くということで話を進めて行きたいと思います。宜しくお願いします。

脱力している「からだ」は屈《ま》がらない

玄侑　今のことからちょっと続けさせて頂きます。若いときによくやったのは、お医者さんなどに呼ばれて講演に行きますと、ここに横になって全身脱力するんです。それで、肩の方を二人で持ち上げてもらい、足の方を一人で持ち上げてもらって、屈《ま》がらない「からだ」になって何十秒でも居られるわけですね。場合によっては人に乗ってもらっても屈がらないわけですけれども、これは現代医学的には説明できないんです。骨格と筋肉が、このからだを保っていると考えていますから説明できないのです。どうして屈がらないのかというのは、これよく催眠術でご覧になったこともあるでしょうし、或いはサーカスなどで女性が横になって、全然屈がらないというのは見たことがあると思うんです。

それの説明を、納得のいく解説を、昨日成瀬先生に初めてお聞きしたんですね。私は今まで何と言っていたかと言いますと、消防のホースがありますね。あの消防のホースというのは勢いよく水が流れているので屈がらないわけなんです。あれと同じ状態で、私も脱力してるので、毛細血管の中をもの凄い勢いで元気に血が流れてる。その血というのは漢方でいうと気血と言いますけれど、血液と気というのが一緒に流れていますので、この気が勢いよく流れているから屈がらないんだと言うしかない。合気道の方はそう言うんですね。でも何となく、そうかな？　という、何かちょっと納得しにくい点が残る。はっきり言って消防のホースだって屈げられます、屈げようと思えば。でも、昨日ですね成瀬先生に、それはこういうことですと言われて、「そうか。そうだったのか」と思ったんですが、先生教えて下さい。

成瀬　あの、今私は、普段は動かないのを動かそうとするときにどうなるかという話をしたはずです。それには、力を抜いてみるだけじゃ動かない。それで、屈げる構えができる。構えができて屈げられるような体勢がここに、その通りになっていれば、これはもうすぐに屈がります。ところが、弛めて力を抜いたというのは、抜いているだけじゃなくて、屈げる方の力が全く入っていない。まあ、それを言うなれば忘れちゃったわけですね。そうすると、これは今のようには屈がらないです。

それで、ちょっと似たようなことを催眠術で再現してやりますよね。「あなたはもうからだが真っ直ぐで、力が抜けちゃって、真っ直ぐ突っ立っています」と言って、それで、あの足と頭を持って、横にこういう風に二人で平らにすると真っ直ぐのままで居ます。それにこの椅子と椅子をこう交わせて、それでこっちは頭で、こっちは踵《かかと》を載せますと、普通ならば頭と踵だけですから、ペコンと屈がりそうなんですよ。ところが屈がらないんですね。それで、「力入れなさい」と言うんじゃないんですよ。「真っ直ぐのまんまで居なさい」と言うだけなんです。そうすると、屈がらないでじっと立っている。これを催眠中にそういう暗示をすると、その上に人が腰かけても立ってもほとんどこれは屈がらない。それを人の橋、人橋（ひとはし）と言うんです。人柱じゃない。人橋（ひとはし）。Human Bridge と言うので、これは昔はよく催眠術でやって見せたことなんです。そのときにその人は、ほとんど屈げようとする力も入れてないし、真っ直ぐという特別な力を入れてる意識はないんですが、人間が上に乗っかって立ってもそのままで居られる。

昔はこれを催眠術だからできると言ったんです。ところが、ここで誰かが出ておいでになって、今の先生と同じように催眠じゃなくても、真っ直ぐに立っているのを、そのまま倒して載せると、ほとんど力を入れていないけど、人がそこに乗ってもほとんど屈がりもしないで、真っ直ぐで居られます。そこで聞いてみると、自分で力を入れている感じがないわけですね。それをギューッと頑張って力を入れていれば、キュッと屈がってしまいます。

今は力を入れていないんです。屈げようとする力も入れていないし、真っ直ぐという力も入れてないから真っ直ぐのままで居る。人間の意識と言うんですかね、そこに注意しているか、構えをしているか、それをしていないで力を抜いているかによって、動きの仕方がまるで変わってくる。初めての人はびっくりしちゃいます。このHuman Bridgeというのは、すごい力を入れているんだろうと思うかもしれませんが、実はあんまり力を入れないですね。だからそれは、催眠中にしかできないと思っているかもしれませんが、催眠中じゃなくても同じことをやれば、同じようにできます。そのときに、十分屈げる方の力を抜いているとできる。屈げようとする力がちょっとでも入っていればペコンといっちゃいます。こんな説明でいいでしょうか。

玄侑　昨日の説明の方が分かり易かったです（笑い）。昨日、端的におっしゃったのは、その腕が屈がるには、屈げようとするこころが働いてなきゃいけないんだけれども、そのこころが今ないんだとおっしゃったんですね。「そうなんだ！」と思ったわけなんです。それで、具体的に今のはどうするのかと言いますと、それは先生が今おっしゃったようにいろんな方法があるんです。まあ、私などは、お経を唱え始めるというのが一番簡単です。頭の中でお経を唱え始めるっていうのもありますし、それから自律訓練法もこの場合とても効きます。あるいは、この腕の中を「気」というものが、ものすごい勢いで、水でもいいんですが、本当にポンプのように指先からブワーッと出ているというイメージをビジュアルに持つ。これでもすぐできます。要は特にからだが横になっている場合、私は人を誘導してそういう風な状態に持ってきて、挙げてもらって屈がらないということをやるんですが、そのときは、例えば

「531引く227は」と訊くわけです。そうすると、アッという間に屈がるんです。

屈がっちゃう。ですから、言葉を考えたり、計算するという機能、いわゆる大脳皮質の前頭連合野で行なわれているんだと思いますけども、ここが働き始めると、どうも屈がるんです。脳波的に言うと、普通はみなさんは今β波ですよね。β波って言うのは38Hz〜14Hzくらいの間なわけです。お経は唱え始まるとすぐにα波になります。8Hz〜13Hzくらいの間になっていくんですけれども、その状態になると、あーでもない、こうでもないという言語機能が働いていない状態になります。別な言葉で言うと、瞑想状態ですが、そうなるとこれがスッとできるんですね。先生、その辺についてお考えをお聞かせ下さい。

成瀬 あー、いいんじゃないの。

玄侑 いいんじゃないのって（笑）何か、あの、アドバイスをお願いします。

成瀬 ちょっと、話を聞いてて他のことを考えていたんですが。

玄侑 はい。発展させてください。

猫　背

成瀬　例えば猫背の人で、この猫背を治そうというんで、弓なりの半分屈がったような機械を売ってるのがありますね。あそこに背中をピターッと付けると、全部楽に背中が平らになっちゃいます。だから、「あれで俺はもう真っ直ぐに立てるようになったんだ。もう猫背は消えたんだ」とかなりの人が思うんじゃないかと思うんです。ところが、そういう風になった人を立たせてみると、全く猫背が変わらない。せっかく弛めたんだから、もうシャンとしようと思えばなるだろうと一般には思われているんですが、この人は立つと必ず重力に対して今までのような猫背のからだ付きでないと対応ができないんですね。それだから、あの機械は役に立ちません。何か商売の邪魔をしてるみたいですが。

それで、例えば腕挙げをする。そうすると、この辺（挙げていく途中）から痛くて普通は動きません。それを今度は横になって、横になると楽になりますから、少し手伝ってもらったり自分で挙げたりすると、もうペタンと楽に真っ直ぐのまま着くようになります。それで、自分は腕は挙がるようになったと思って、今度は起きて手を挙げるんですが、相変わらずここ（途中）から先は全然痛くて動かせない。横になると楽に動いたのだから、この肩関節は楽になっているわけです。それなのにここ（途中）から動かない。

と言うのは、結局ここの肩関節は宙に浮いてるわけじゃなくって、この腕がくっ付いている胴体、胴体にくっ付いているから生えてるわけです。胴体がきちっと真っ直ぐになっていると、腕は挙がりません。横になると挙がるけれど、体が真っ直ぐになるともう動かない。

じゃあ、これは今の動かない話じゃなくて、動かそうとする話なんですが、やっぱり今の体のこの躯幹部のタテの軸が重力にちょうど合うように、躯幹部を持っていく。だから反ったり屈がったりしてない状態ですね。それがいつも躯幹部を重力に合わせられていると、これは楽に挙がるようになります。だけど躯幹部が歪んでいると、どうしても以前からの通り、ここまでしか挙がらない。だから真上まで挙げさせるためには、真っ直ぐの姿勢にして改めてこの動きをさせないと動くようになりません。今、お話をうかがっていて連想した話です。

玄侑　全然別のこと考えていたんですね。私も今、伺っていて連想したんですが、猫背から猫のことを思っていたんです。

成瀬　はい。猫のことね。

猫は記憶に頼らない

玄侑　先生のご本で猫が伸びをする姿があちこちに出てくるんですけど、猫は私、大変尊敬しておりまして、まず腕立て伏せなんかしていないのに、あんなに腕も強いし、腹筋運動をやってるところを見たことないんですけど、相当な腹筋だし、している運動といえば唯一伸びだけだと思うんですが。何より猫ってやっぱりすごいなって思うのは、記憶しない。犬は、犬が好きそうな、例えばウインナーソーセージをこっちの器に入れますよって犬に見せる。それから、こっちは空ですよって見せるとですね、「あ、向かって右に入ったな」というのを覚えるようです。それで檻を外すと、犬は真っ直ぐ向かって右に向かうんですね。

猫は「あの辺りに入ったなー」としか思ってなくて、どっちに入ったかは現場に近づいてから鼻で嗅いで判断する。猫は徹底した現場主義なんですね。自分の記憶に頼らないというか。記憶に惑わされるのは犬なわけですよ。だから、条件反射ってありますよね？　あの「パブロフの犬」の条件反射の実験で、条件をどんどん複雑にしていったときに、あの犬たちは狂ったんですね。二回に一回は餌をあげないとか、その条件をどんどん複雑にしたらしいんですが、それはやっぱり記憶からくる思い込み、それが裏切られるということの繰り返しのために犬がおかしくなってしまった。ところが猫はおかしくならないんです。初めから記憶に頼らないですから。チンパンジーは三日間は記憶しているそうです。ゴリラはもうちょっと長いらしい。我々は何十年も前のことも忘れていないわけです。その頭で、今何かを見ているわけですから、たとえば以前にこれを食べ過ぎて吐いた、ひどい目にあった。そういう物をまた食べるときというのは、その味だけを味わうことなんかできないわけです。記憶というのがいかに邪魔をしているか。我々の記憶が我々のからだをどれほど病ませるのか。そういうことから全く自由の天地に居るのが猫ではないかと思っています。

成瀬　なるほど。

玄侑　記憶と病というようなところで、ちょっと先生。

成瀬　いや、あるんじゃないでしょうかね。

玄侑　そう簡単に片づけないで（笑い）。

成瀬　恐らく、犬は右左を見ているときは、彼特有の構えで見ていると思うんです。

玄侑　うん、うん。

成瀬　構えが中心で右左が判断できる。構えが不安定なときは記憶できないと思います。

玄侑　うん、うん。抱っこして回転されちゃうと、もう右左がわからなくなるそうです。

成瀬　猫はそうですね。そういう構えをしないんじゃないでしょうかね。

玄侑　覚える気がないみたいですね。

成瀬　あー。いや、それはわかりませんけれども。

玄侑　ははは。この本は、どうして猫の挿絵だったんですか？〈成瀬先生のご

著書を掲げて〉

成瀬 それ、私が入れたんじゃなくて編集者が入れたんです。

玄侑 あはは。あんまり気に入ってないんですか？

成瀬 はい。気に入ってません。

玄侑 えー。

成瀬 気にするのは、ノイローゼやうつに近づいている証拠です。

玄侑 はは。えっと、どうしましょうか？……

えっと、我々のこころの持ちようで、からだがものすごく変わるということですが。

成瀬 はいはい。

玄侑 からだがものすごく変わるというのを、もう一つの実験でお見せしたいと思うんですけど。

あのー、またいいですか？

成瀬 はい。

実技――樹齢二五〇年の松　天に召される

玄侑　さっきの方と、もう一人誰か出て来て頂けませんか。

〈会場から男性Aと男性Bが登壇〉

すいませんが、ちょっと一人靴を脱いで頂きたいんですが。大丈夫ですか？一人は正座してもらって、もう一人は後ろに回って欲しい。それで私の言うように想ってくださいね。

「あなた（男性A）は、樹齢二五〇年の松の木です。ものすごい根っこが生えています。松の木で、この枝振りで、腕を外側にやった状態で。根っこ、自分のその松の根っこをですね、想像してください。根っこに気持ちを持っていってください。相当深くまで根っこが生えています。

……この状態のからだを持ち上げてみて頂けますか。」

〈男性Aが正座で座り松になり切る。もう一人（男性B）が後ろから男性Aの脇の下に腕を入れて持ち上げようとするが、なかなか持ち上げられない〉

はい。ありがとうございました。樹齢二五〇年の松が持ち上がるはずがないですね。では、一旦解消。

お幾つですか？

男性A　三十八歳

玄侑　三十八年、楽しいことも、辛いこともありましたけれども。この度、天に召されることになりました。天に召されていくイメージ。ですから、自分の意識は、頭上1メートルくらいに持っていって下さい。さっきと同じように腕を開いて頂いて。意識は頭上1メートル。それで、天に召されるお手伝いをお願いします。

（会場）　えー!!

〈再び後ろに回った男性Bが、正座している男性Aの脇に手を入れて持ち上げると、今度は難なく持ち上がってしまう〉

玄侑　有難うございました。こころのあり方で、体重も変わるんです。質量は変わりません。質量は変わりませんが、重さというのは相互の関係の中で現れてくるんですね。たぶん、計りに載せれば同じだとは思います。しかし、人間関係の中で持ち上げるという場合には、ものすごく変わります。だから、からだというのは物質ではない。どう考えても、こころの器なんですね。……

失礼しました。

成瀬　はい。有難うございました。

今の持ち上げた人（男性B）の感じを聞いてみてください。

玄侑　あ！　それは大事ですね。

成瀬　軽かったときと重かったときの持った感じね。それを話してください。

男性B　樹齢二五〇年は、全く引っこ抜ける感じがしませんでした。えっと、左右に揺らしても全然動こうとしないので、持ち上がらなかったです。ですが、逆に天に召されるときは、そんなに構えずに引き上げてもフワッと浮く感じがしました。

玄侑　有難うございます。意識の置き所なんですね。私は自分のからだって、いろんな考え方がありますけれども、液体の入った袋だと思っているんです。液体の入った袋を運んで行くとすれば、真ん中を持たないと運べないでしょう。天っ辺を持って運ぶというのは一番重いわけです。天っ辺を持ってからだを運ぶというのはどういう状態かというと、物を考えながら歩くことです。ですから、歩いているときは意識をからだの真ん中に持っていきます。そうすると、一番軽くからだを運べる。こうやって椅子に座っているときは、椅子との接触面に意識を持って行きます。凭《もた》れるときは、そっちの接触面にも意識を分けます。そうすると、脱力ができる。意識の置き所で、かなり体の状況というのは変わるのだと思います。

成瀬　今、座っていた人（男性A）は、みんなにそのときの感じを、あなたの主観的な感じを細かく説明してみて下さい。

男性A　二五〇年来の松のときは、玄侑先生に言われると、本当に根っこが生えたような感じになって、下へ下へ意識がいくようになりました。ですので、本当に縦横無尽に根を這わせようという、そういう意識でもって、二五〇年来のときを過ごしました。

それから、三十八年の短い生涯を終えるときは、意識が一気に天井にいきましたので、もうそう言われた時点で、根っこがなくなって、上に向かうような、そんな感じです。

持ち上げられたときは、二五〇年来の松も三十八年の生涯を終えたときも、体重の意識を変えようという風な意識は全くありません。どちらとも為すがままというような感じでした。天に召されるときはそれこそ、スッという風に持ち上がってしまったという感じです。

成瀬　有難うございました。あのー、達磨さんが坐っているときですね。やっぱり今の感じと関係があるんでしょうか。「面壁」あれ九年？

玄侑　まあ、九年と言いますが。あの、元々は「壁観バラモン」という言い方をしたのが、後に面壁という風に変えられたと言われています。壁に向かってというよりも、壁のようになって坐るという言い方が最初です。

成瀬　あれは、禅宗の中にそういう修行の仕方があるわけですか？

玄侑　坐禅の仕方の一つではあります。

成瀬　そのこころをどういう風に置くんでしょうか。

玄侑　こころと言うよりも、面壁というのは、雪舟が描いた達磨さんの絵がありますけども、あまり距離がない所に壁があった場合、目の焦点を合わせているのは大変疲れます。

成瀬　合わせられないですね。

玄侑　はい。それで、すぐに焦点を合わせられなくなります。そうすると、言ってみれば、薄らぼんやりした視界になります。

成瀬 そうすると、軽くなるんですか？

玄侑 重くなります。

成瀬 重くなる。焦点が合わない、合わせようと思っても合わせられないでいる状態というのは。

玄侑 はい。重くなりますね。

成瀬 そうすると今度は、どっか近い処なり、遠い処なりに焦点を合わせるとどうなるんですか？

玄侑 目の焦点が合うと、意識が頭に戻ってきます。ですから、頭が重くなります。

成瀬 頭が活動していると、やはりからだも活動するような体勢になるということですか？

玄侑 いや、大脳皮質が活動するというのは、からだにとっては相当邪魔なことなんじゃないでしょうか。

成瀬 なるほど。はあー。

玄侑　だから、目の焦点が合わない。あるいは、意識を二点に持っていくという言い方もできます。坐禅をするときも、視野の中心点に一応目線は持っていきます。ですが、今見えている視野全体の輪郭と中心点に意識を分散するという風に考えて頂くと、全体がぼんやり見えるわけです。

成瀬　そうですか。まあ、きちっと全体に焦点を合わせられないで、広がっているからですね？

玄侑　はい。

成瀬　それと、一つ、二つを同時にはできないだろうということですか？

放心を求めよ

玄侑　中国に孟子という方が居りましたですよね。その中国の『孟子』という本の中に、「放心」という言葉が出て来るんです。放心状態の放心です。

成瀬　はいはい。

玄侑　孟子は、「放心を求めよ」と言うんです。

成瀬　なるほど。力をどこにも入れないような。

玄侑　はい。意識を集中していくというのは、「求心」と言います。そして、放心というのは意識を拡散していくんですが、「放心を求めよ」ということは、意識を拡散させたまま集中しなさいということです。

成瀬　そうすると、どっかに焦点はあるんだけど、焦点の中心はないんで、集中はしてないんだと。

玄侑　はい。

成瀬　それだから、集中しないで広げる工夫をしなさいということじゃない？

玄侑　放散したまま。

成瀬　で、やりましょうと。

玄侑　はい。さっきの実演は横になっていないですけど、脱力するときも、そのやり方がとても有効です。

成瀬　なるほどね。そのときにそうやっていると、そういう状態では、何か新しいものが出て来ますか？

玄侑　いや。物は考えられないです。

成瀬　考えようとするんじゃなくて、そういう状態になろうとしているだけなんですね？

玄侑　そうですね。この状態では、あれこれと物を考えません。

成瀬　考えないような状態にしてるわけですね？

玄侑　はい。でも、恐らく直観みたいなものは、高まっているんじゃないでしょうか。

成瀬　ああ、面白いですね。今、私の場合は、どうやってその動かす方に力を入れて、焦点をそっちに合わせていくかというのが課題になるわけですが。ところが、それをしないんだと。

玄侑　そうなんです。

成瀬　おもしろいですね。そう言うと、そういうもんですか。へー。

電柱で猫背を治す

司会　成瀬先生。

成瀬　はい。

司会　朝の散歩のときに、先生は電柱に背中を付けて真っ直ぐになるという話を以前聞いたことありますが。
その時に何か考えていますか？

成瀬　あのね、私、朝の散歩をするんですが、この頃歳とったら猫背になってるわけです。それで、これを治したいという気があるんです。それで、散歩してると、その電柱に、気に入った電柱というのがあるんですね。それでそこに行って、そうすると、それより前に先客がいて、おしっこがしてあったりするんですが。

玄侑　犬でしょう（笑）。

成瀬　そのときに、両方揃えた踵《かかと》を電柱に付けて、それからお尻を電柱にピタッと付けて、そうすると背中が屈《ま》がってますから、どうしても屈がるんです。それを自分でこう電柱に押さえ付けながらズーッと真っ直ぐにします。そうすると首が反るから、これも真っ直ぐにします。それで、電柱と同じように背中が真っ直ぐになるのを待ってます。そのときに力をスーッと抜いて、真っ直ぐになるまで押しつけてるわけです。押し付けて、あちこち押し付けながら、真っ直ぐにする練習をしているんです。

もう一つはですね、最初はからだを電柱に付けないで、自分で真っ直ぐの姿勢を作って、その後でペタンと電柱に付けてみると、割合ピタッと付いてるときと、やっぱり屈がってるなあというときとがあって。これは電柱を規範にして、自分がどのくらい屈がっているかを見ているわけです。そうじゃないのは、電柱を頼りにして真っ直ぐにすることをやってるわけです。

その真っ直ぐにしてるときというのは、ズーッと力を抜いてる。玄侑さんが力を抜く話をしているあたりに、私が力を抜きながら伸ばしてるんで、そこんところは、もうやっぱり邪念が多いんでしょうけど。電柱を支えにしながら、背中を真っ直ぐにするというのを今まではやっていたんですが、今は自分で真っ直ぐにしてから電柱のところにからだを持って行って、確かめるということをやっています。いずれにしても、真っ直ぐかどうかというのを一生懸命やってるんで、力を抜くというのはあんまりやっていません。玄侑さんがおっしゃるように、そのときに力の抜き方を工夫するともっと変わるかもしれません。

司会　工夫するという意識を働かしてるわけですね、まだ、先生は、電柱で。

成瀬　はあー。工夫してるの。

踏んばる

司会　私の訓練での体験なんですけれども。立たせる訓練をして、補助をしているんですが、そのときにピタッと来たなという感じを受けるときがあります。そういう場合、頭も足の方までも真っ直ぐになっているんですね。坐位でもそうなんですけれども。それで、「離すよ、離すよ」と言って、離そうとすると本人にピッと真っ直ぐに力が入る。

成瀬　僕のは、押しつけて真っ直ぐにしたときに、力を全部抜いちゃうんです。そうすると、これが一番楽で真っ直ぐになってるんです。

司会　子どもの場合は、ちょっとこう伸びるんですよ。それで、スッと降りてくるんですよ。

成瀬　いや、スッと真っ直ぐにして伸びたり、真っ直ぐに伸ばしたりしてから、全部力を抜いちゃうと、ペタンとくっついて、楽にはなるんですね。でも、その楽になった状態を、玄侑さんのように維持しようということはやっていませんよ、僕のは。今度やってみます。

司会　まあ維持する話も、もちろん必要なんですけれども。そのときに、子どもの表情が変わるんですよ。すごく嬉しそうな顔になって、周りを見渡すんですね。

成瀬　それは違う。そういうのはね、真っ直ぐになったんじゃなくて、真っ直ぐになるかならんかは直接は関係ないんですが、グッと足で踏みしめたときに、その踏みしめた感じが自分でわかったときというのは、脳性まひの子や自閉の子も、そういうギュッと踏みしめたとき、あれは踏みしめたことを一応わかるようですけど、上手く踏みしめたときは上体も真っ直ぐになりますね。そのときにズーッと、あちこち押されて我慢してるわけです。ところが、そのときに踏みしめてギュッと力を入れた感じがわかると、子どもの姿勢なり表情がガラッと変わる。

司会　そうですね。

成瀬　そのときは、そういう、今までのように痛いとか、屈げようとか、抵抗しようとかっていう、そういう意識がなくなって、全部なくなっちゃうんですね。それで、グッと踏みしめた感じが体験できるところが一番重要なようです。そうすると、そういうことを指導しなくても、キュッと立てるようにもなるし、それから周りを見る、見え方が変わるようですね。

司会 そのことを、たとえば玄侑さん。坐禅をしていてね、自分が中心軸に坐っているような感じが出て来ると。その後の自分の体感というのか、そのときはたぶん感じているか感じていないかわかりませんけれども、もし言語化できるようだったら、ちょっとその辺の話をしてい頂けると有難いんですが。何を言いたいかというと、脳性まひのお子さんとか、自閉のお子さんでもそうなんですけれども、中心軸みたいな、いわゆる重力に対応して真っ直ぐになったみたいな、そんな感じでもいいんですけれども。そこに自分が存在している、自分で。そういう体験って、禅の中にもあるんじゃないかと思うんです。それを玄侑さんが言語化するといいかなと思って。

玄侑 まあ、坐禅の中でいい感じになってきたなというのは、末梢の感覚がだんだん消えてきて、何て言うんですかね、ズドーンと長丸い物が立っているみたいな感じになってきて。すべて見えるし聞こえるんですけれども、こちらがだんだんなくなっていくような。ただそのドーンという感じだけになっていくっていう、そんな感じはありますかね。

成瀬 やっぱり、踏ん張った感じのようですね。上へこう伸びるっていうよりも、踏ん張った。だから、足が非常にしっかりしてくる。

玄侑 なるほど。意識はやっぱりね、私はお尻の下か丹田辺りにありますね。

成瀬 私は足の裏がですね、ペタンと大地に着いているという状況もあるんですね。

玄侑 電柱、地下に埋設しちゃまずいですね（笑）。

成瀬 ははは。あれは驚きました。

玄侑 近所の犬に恨まれません？　電柱を占領してると（笑）。失礼しました。

意識をまとめる

成瀬 今、私はね、ある女性を診ているんですが、もう四十くらいかな。来たときは三十ぐらいの女性でしたがね。ある市役所に勤めてる女性なんですよ。その人、腰が立たないんです。それで、今のように足の力は全然入らない。坐ることはできるんです。だから、腰から足先はプランプランですが、腰から上はピタッと真っ直ぐに坐ってるんですよね。それで、それを持ち上げると、根っこはないんじゃないかと思うんですが、持ち上げるのにものすごく重いんですよ。それで、その人には膝立ちをするようにしました。そうすると、膝に力を入れさせると、力が入るわけです。そこでギュッと今のように、膝立ちができるようになると、スーッとしゃがんでお尻も下ろせるようになる。それから、自分で立ち上がれるようにもなったんです。

これは、二回か三回のセッションでできるようになった。その人は足が普段ブランブランで、旦那が車椅子で連れて来ていました。それが、膝立ちができるようになったから、それからは両足を踏ん張らせて、膝を真っ直ぐにズーッと伸ばして、重心は真ん中のままで立たせました。その後、膝を少し屈げたり伸ばしたりしました。膝を屈げて出すときは、そのままでやると重心が後ろになってひっくり返っちゃいますから、膝を前に揃えて出したときはそれなりに上体をズッと屈げさせたり、それから、膝を伸ばすときは上体をこういう風に起こさせたら、意外とその膝をチャンと屈げたり伸ばしたりできるようになり、立位ができるようになったんです。そうするともう、さっきの重たい感じがなくなっちゃったんですね。ですから、ちょっと立つ気持ちがあるのとないのとでは、あんなにも重さが違うのかなと思うんです。

玄侑 あの、先生はそのとき、どっち側から持ち上げようとしていたんですか？ 重たかったですか？

成瀬 今の彼女の根っこを持ち上げたのと同じように。

玄侑 はいはい。あれって意識を下の根っこの方に持って来ましたよね。後では上に持っていきましたよね。普通そういう意識の操作をしない場合、意識が散らばっている状態。たとえば、遺体って重いですよね、ものすごく。それは意識をまとめてくれないからですね。

成瀬 そうか、まとめるっていうことが大事なんですね。散らばってるっていうのはダメね？

玄侑 散らばってるのは重いです。

成瀬 面白いですね。

玄侑 介護の現場で、たとえば向き合って持ち上げようとした場合というのは、持ち上げてもらおうとしてる人の意識は、持ち上げてくれる人の側に移動してますよね。

成瀬　うん、うん。

玄侑　そっちに行ってますから、とっても軽く感じられるわけです。

成瀬　なるほど。

玄侑　でも、その人がこっちにいて意識していたら、相当重くなっちゃいます。

成瀬　あー。それはあると思いますね。

玄侑　でも、その人の場合は、そっちにやってるんじゃなくて、散らばったままだったんだと思います。

成瀬　なるほどね。今の、立ったり坐ったりするのをね、向き合ってやるのと、後ろで喋っているのとは違うんですよね。

玄侑　はいはい。

成瀬　あー、そうでしょうね。やあ、有難うございました。

玄侑　いえいえ。

いのち

司会 「からだ」、「こころ」ということで、かなりの部分「からだ」の話をしていただき、こころの持ち方、或いは意識の置き方とか、或いは「からだ」と「こころ」をリセットするような、それが状況によってストレスを解消できるんだとか、そんな話が出ていたように思います。

さて、「いのち」という言葉を使って良いのかどうか、わかりませんが。「からだ」と「こころ」の両者の調いである「いのち」を我々が生きているわけで、たぶんそれは仏教的に言えば、流れていると言いますか、諸行無常でズッと流れている。生まれては消え、また生まれ。細胞も皆、そうですよね。

そういう「いのち」というものと、「からだ」、「こころ」というものとをタイトルとして私がつけた理由です。「いのち」とはまさに「からだ」と「こころ」の調いではないかと。そのものではないかと思っていて、それで「からだ」と「こころ」をリセット、リセットという言葉が正しいかどうかわかりませんけれども、いわゆる「身心一如」と仏教では言います。その一体化させるような状態を作りだしていくことは、生きていく上においてとっても有効に働くのではないかと思っています。私の認識はその程度なんですが、もう最後の時間になりましたので、お二方にまとめて頂けると有難いと思います。反論でも何でもいいです。

成瀬 何て言ったの?

司会 「からだ」と「こころ」の一体化が、生きづらさを解消してくれるのではないか、よりよく生かしてくれる。つまり、「からだ」そのものが活性化していく状態ではないかと考えているんですが。

成瀬 活性化って、どんなこと?

司会 生き生きと、九十三歳を生きていくということです。

成瀬 生き生きと、結果として?

司会 結果として生きている。

成瀬 はい。生き生きと生きていくために?

司会 「からだ」と「こころ」のアンバランスを一致させていくことが大切ではないか、と考えているということです。

成瀬 それは大切ですけど。

玄侑　成瀬先生。私の方から先に申し上げていいですか。

成瀬　はい、どうぞ。

玄侑　はい。「からだ」ということについては先ほど申し上げたんですが、「こころ」というのは、本来は心臓を表す文字だったわけですね。それを、「こころ」という風に日本人は読んだわけですけれども。やっぱり「コロコロ」から来ています。コロコロと次々変化して止まない、というわけなんです。この「いのち」という和語の起源は幾つか説があって、「息の道」の略であるという説もあれば、「胃」が人間の真ん中にあって、そこに血が集まっていることなんだという、そっちの「胃の血」なんだっていう人もいます。この「いのち」は、いずれにせよ「命（めい）」という漢字ですよね。天命の命でありますから、我々には理解できない、変化して止まないものなわけですけども。

成瀬　「いのち」というのは、「めい」とおっしゃいましたか？

玄侑　はい。天命の命ですね。我々には制御しきれない、大きな流れのことだと思うんですけども。その中で、我々が「こころ」と「からだ」で生きていくわけですけども、「こころ」は本来的に次々変わって行く。コロコロ転がって行けば本当は「からだ」にとって一番いいわけですけれども、人間というのは、記憶やら思い込みやら、好き嫌いやら、綺麗、汚いなんていう概念も覚えて、とにかく有ること無いことを全部自分中心に判断していきますから、コロコロと転がらなくなってくるわけです。まあ、居付いちゃうというんですか。

そうすると、冷静にその人のことを見られない。昔の記憶があるわけだし、こういう人はこうに違いないという思い込みもありますし、全然コロコロしなくなってくる。本来は、もっと滝壺に落ちた玉のように、もう奔放に動き回るのが「こころ」なのに、記憶というものがそうさせなくしている。だから猫がうらやましいという話になるんです。その「こころ」が本当にコロコロしていれば、「からだ」も元気だし、「いのち」も生き生きしてくるということになるだろうと思います。「こころ」がコロコロしなくなっている。

成瀬　なんで「こころ」がコロコロしなくなるの？

玄侑　だから、思い込みやら記憶やら、好き嫌いやらですね。私らは意識の置き所の練習として、たとえばお経というのを暗記するわけです。暗記しているものを唱えているときの意識の置き方は、やってみるとわかりますけど、ズーッと言葉を唱えていますよね。唱えて、ズーッと前に出て行くとすればですよ。唇を、今出た途端の処に意識は持って行きます。「観自在菩薩（かんじーざいぼーさ）行深般若波羅蜜多時（ぎょうじんはんにゃーはーらーみたじー）照見五蘊皆空（しょうけんごーうんかいくう）」と唱えながら、今言ったばかりの音に意識を持って行きますが、その意識はすぐに離すんです。そこに意識を持って来て、置いたままズーッと行くとすぐに間違えるからです。意識を居付かせない。次々タッチ&リリース、タッチ&リリースを繰り返すわけです。こういう意識の置き方を学ぶと、居付かなくなる。こころが居付いちゃうというのは、一番困るんです。それしか見えなくなる。だからその、タッチ&リリースというのが、ものすごく大事じゃないかと。

荒川静香さんっているじゃないですか。フィギュアスケートで金メダル獲った。あの方が金メダルを獲ったときに、若い女性のインタビュアーがですね、面白い質問をしたんです。「スピンで回転しているときに、荒川さんはどこを見ているんですか?」って。面白い質問だったんですけど、どこを見ていると思いますか？　もし目を閉じたら、すぐに転びます。しかし、どこかを見つめても、すぐに目が回って転びます。じゃあ、どうしているのかと言うと、回転していく先頭に見えて来る物を、次々にタッチするように見ている。タッチしては離し、タッチしては離し、つまり見るんですが見つめないんです。大げさに言うと、お経を唱えているときの意識の使い方もそれと同じなんです。その、リリースする。タッチするのは大事ですけれども、リリースするのも大事ですというのが、さっきの「般若心経」の始めにある観自在菩薩、アヴァローキテーシュヴァラ菩薩、観自在、観世音の見方ですね。

成瀬　あの、見ているというのは、瞬間、瞬間に外の物を見ているんでしょうか。

玄侑　見ていると思います。

成瀬　それは、こう回って行くのを、ズーッとそのまま焦点を合わせないで？

玄侑　いや、焦点を合わせないと、目が回ると思います。

成瀬　そうすると、一つ一つ細かく、瞬間、瞬間に見ているということでしょうかね？

玄侑　タッチしていると思います。はい。

成瀬 あー。見ているけど、こだわらないで、ドンドン次に進んで行くということですかね。
玄侑 そうだと思います。あの、誰でしたっけ？ オリンピック選手で、体操で優勝した？
成瀬 そうそう。あれ、回転していたりしますね。あの人も同じことやっているんですかね？
玄侑 あの人の見方はまた世界でも独特みたいですけれども。
成瀬 特に若い、若くてこの頃出て来た。
玄侑 はい。なんとか航平さん。あ、内村航平さん。
成瀬 いや、あれは前からの人で、もうちょっと回転が好きな人がいるんじゃないですか。一番若い、十九歳くらいの。
（会場から） 白井君？
成瀬 うん。そうそう。あの人がそんなようなこと言ったのを聞いたような気がするんですよ。
玄侑 ああ。

成瀬　あの人、何か回転しているときに見えているらしいんですね。

玄侑　なるほど。それでは先生の「いのち」の話でまとめてください。

成瀬　何をまとめるの？

玄侑　えっ？「いのち」の話で。

成瀬　「いのち」の話？

玄侑　「こころ」でもいいですけども。

成瀬　あー、そんなことまでは考えたことないですね。

（会場から）あははは。

玄侑　考えない方がいいですよね（笑）。

成瀬　アー。そんなことまで考えたことないわ。ただその、「いのち」というのを、ただ危ないときに、怪我をしたときに、そうして生きているか死んでいるかわかんないときにね、この手足を動かしてみて、動いたっていうのは「あ、これは生きているんだ」と。まあ、非常に単純な話ですけど。言いたいことは、「いのち」が先にあって、動いているという発想っていうのが一つあると思うんです。それから、手足が動いて、思うように動かせている。それで「俺は生きているんだなあ」という風に思うと。そうするとその、何か根本があるんだという考え方で「いのち」があるんだと、命があるから動くんだ、という発想を私は今までとってきていません。

玄侑　うん、うん。

成瀬　手足が動いたから、だからこの人、生きているんだと。生きているというのは、「いのち」があるんだなあ。という風に、みんなその現実に、この人が動くか動かんか、それからどういう風に動くか、動かせるかということだけを問題にしてきたと思うんです。

玄侑　あのー、先生の本を読まして頂いてとても感銘を受けたのは、重力っていうものを、ものすごく大事な物として考えてらっしゃいますよね？

成瀬　それはそうだと思います。

玄侑　我々が、生まれて生きていく環境として最大の物って、恐らく重力なんですよね。

成瀬　一番大きな問題なのに、重力というのをほとんど話題にしないで皆生きている。

玄侑　そうなんです。ゲノムが解き明かされて、いろいろわかってきたわけですけども、猫がこういう形になる、犬はこういう形になるっていう情報は、遺伝子上のどこにもないんだそうですね。

成瀬　なるほど。

玄侑　ですから、地球のこの重力の中で生まれるから猫があの形になるんであって、六分の一の重力しかない月で生まれたら、相当違うんじゃないかという説もありますよね。

成瀬　二本足を出そうと思ってもできませんもんね。

玄侑　ええ。だから、我々も重力の中で生きて行くというのが最大の問題ですよね。

成瀬　それは重さがあるからだよね。人体にね。

玄侑　ええ。とても感銘を受けました。

成瀬　そう。有難うございます。

司会　はい。時間が来てしまいました。成瀬先生、昔、魂の話を引用されまして、「からだ」が真っ直ぐになる、それで維持するときに「魂を入れろ」って、そういう言い方を何回もされて、それがズーッと頭に張り付いていていましてですね。仏教でも魂が入ったり出たり、抜けたり抜けながらの状態とかいろいろあるんですけども。そんなことが私の脳裏にあって、今回は魂の話も聞けるかと思ったんですけど、それはまた次回どこかでお聞かせ頂きたいと思います。

長時間に亘りまして、お二方の大変面白い話を、また大変貴重なお話を拝聴することができ、有難うございました。フロアの皆様方も、ところどころで摘まんでいくという話も最後に出ましたので、そんなことでご理解して頂ければいいかなと思います。以上をもちまして対談を終わらせて頂きます。どうもご清聴有難うございました。

対談を終えて

成瀬悟策

対談に当たり、仏教のことについていろいろ伺いたいと思うことがあったので、玄侑さんから始めてもらいたいと考えていたが、文光さんが私の動作療法について、まだ理解できていないことがあるからというので、最初に私の始めた心理療法である「動作療法」を基礎から一応の概説を試みたが、玄侑さんからも、聴衆一般からも全く質問も出ず、まして批判的な言葉も出ず、対談にならなかったので、玄侑さんの用意された話題に移った。

一　その用意されていた話題のはじめの一つは肘で折り曲げた腕を肩の上へ担ぐようにして、肘を横へ張り出し、手掌が肩の付け根の上部あたりへ当たるような恰好を執ったところで、その腕を自分で動かす心を遮断したうえ、外部からの働きかけにはこころを動かされることなく、他動的に引き延ばそうとしても、押し曲げようとしても、全くこころを動かされることもなく、しかもそれに抵抗するでもなく、平静な心のままで居られるという現象を見せてもらった。その際、相当強い他動的な働きかけ、引き延ばし、押し曲げにもかかわらず、曲げた動きが全く微動だにしなかった状況が今も心に残り、改めてこころとからだの一体的な活動による〝ちから〟の強さに感動した。

二

二つ目の話題は玄侑さんが二人の成人を観衆の中から舞台に引き止げ、内の一人を座らせ、他の一人はそのひとを後ろから抱き抱えた状態で、後ろのひとに「私の言うとおりに想像して、そのとおりに体を使ってみてください」と約束してから「前に抱きかかえられている相手の人はだんだん天に召されていきます。抱き上げて見てください」という。後ろの人が抱き上げてみると、軽々と抱き上げられる。次に、「前の人を大木と考え、あなたはその根っこに近い幹に抱きついていると思ってください。その大木はますます大きく、重くなるのでしっかり抱きついていなければなりません」というので、後ろのひとは大木をしっかり抱えて頑張っている。そこで「抱きついている大木を持ちあげてください」でどうしても持ち上がらない。次に「あなたが抱えている前のひとは軽くなっていきます」という趣旨の想像をさせてから「前の人の体を持ちあげてください」で軽々と持ちあげることができた。

三　二つ目の話題の解説

この二つ目の話題は暗示、さらには催眠法によるいわゆる催眠暗示を用いればこんなこともできるんですよと言うことを示したものである。即ち、前のひとの体重はこの実験中何ら変わったわけではない。ここで本当の被験者は体重が変化したように見える前のひとではなく、後ろのひとであって、彼が抱きついている相手の体重が暗示通り本当に「軽く」または「重く」なったように感じたので、感じた通りに振る舞っただけである。体重が変化しないと感じていれば、彼は決して暗示通りに変化することはなかったはずである。

ここで私は困惑した。後ろのひとが催眠の暗示に罹ったとあの場で言えば、〝ご当人が少しおかしいのではないか〟と思われるのではないかと怖れたので、それを言わず、私がわかったともわからないとも言わず、おしまいにすることにした。今回何か書けと言われれば、やむなく真相を明らかにする他なかった。玄侑さん、鮮やかで、熱心な暗示を見せてもらいありがとうございました。こんな後始末で御免なさい。

安心する身体へ

玄侑宗久

「からだ」という和語

成瀬先生との対談の最後に、司会の河野先生から「魂を入れる」という話がありました。私はそこから語りだしてみたいと思います。

この本のなかでもそうですが、「からだ」と「こころ」を私たちはどうしても分けて語ります。今ではそれがあたりまえのように思えるかもしれませんが、古い時代の日本人にとってはあまり普通の事態ではありませんでした。通常は、「からだ」と魂が一体であるため、「身」と呼んでおり、「身」から魂が抜け、一部空っぽな部分ができた状態を「カラだ」と呼んだわけです。

一部と申し上げたのは、昔の日本人は魂が一つとは考えていなかったからです。沖縄では今も魂は七つあると考えているようですが、ラオスなどに行きますと三十二もあると答える人がいました。世界では、むしろ魂が複数だと考える人々のほうが多いと、ユングなども言っています。そうであるなら、身体の不調は一部の魂が抜けてしまったから、と考えるのも頷けることです。

どんなときに魂は抜けるのでしょうか。沖縄では、転んだり、高い処から落ちたり、という衝撃、あるいは恐怖がいけないと考えているようです。実際、転びそうになったりビックリすると、すぐに胸元に向けて両手を掻き寄せる仕草をする人々が沖縄には大勢います。胸元（心臓）から飛び出しかけたマブイ（魂）を、呼び戻そうとする仕草なんですね。和語でも「たまげる（魂消《たまげ》る）」という言葉に同じ考え方が残っています。

西行法師にこんな歌があります。

吉野山こずゑの花を見し日より心は身にもそはずなりにき

（『続後拾遺』一〇一）

文字通り訳せば、「吉野山の梢の花を見てからというもの、私の心は身から離れるようになってしまった」ということでしょうが、いわば恋の病でしょうね。ここでは「心」という言葉を使っていますが、要は魂の抜け殻みたいな状態になってしまったわけです。

むろん素直に、吉野山の桜そのものに心を奪われたと読むこともできますが、おそらくは実際に桜を見たとき以上に、ある女性に心を奪われてしまったのでしょう。

「心を奪われる」などと書きますと、なるほどうまい表現だと思えてしまいます。人は転んだり高い処から落ちたときだけじゃなく、恋によっても魂が抜けて「身」から「からだ」になってしまうことがあるということです。

このように、平安末期の西行にして、すでに「身」と「魂（心）」の遊離を体験しているわけですが、一般の人の感覚としてはまだまだ「身心一如」であったと思います。いわば「身」以外に「からだ」とか「こころ」というのはあまり意識していなかった……。

ところが鎌倉時代から室町時代にかけて、「身」という一体感が薄れ、「こころ」が次第に独り歩きするようになってきます。ある意味では、「からだ」を盛んに動かしながらも「こころ」を不動に保つ必要が、他ならぬ武士道から生まれたのかもしれません。

宮本武蔵の『五輪書』水の巻「兵法、心持ちのこと」（ちくま学芸文庫）などを読みますと、「（身が）静かなるときも心は静かならず、なんと速きときも心は少しも速からず、心は体に連《っ》れず、体は心に連れず」などと勧めています。兵法の場合は、相手にこちらの心が見透かされないように、という意図がはっきりあるにしても、体と心を連動させず、別扱いすることを勧めているのです。しかも武蔵は「心に用心して、身には用心をせず」（心の動きに気を配り、身体の運びには気を配らない）、つまり大事なのはあくまで「こころ」なのだと力説しています。

　むろん、十三歳から六十歳まで無敗だったという武蔵の在り方が、普通だったわけではないかもしれません。しかし少なくとも武道に於いては、たとえば「敵の太刀を知り、（しかも）いささかも敵の太刀を見ず」（同じく水の巻、「兵法、目付けということ」）などのように、身体の動きと連動しない心の在り方が重視されるようになります。

　そんな武士道の成立とどう関わるのか、正直なところ私にもわかりませんが、一六〇三年に長崎で発刊された『日葡辞書』には、「Ｃａｒａｄａ《からだ》」という項目に、「死体」と書かれています（岩波書店、邦訳日葡辞書）。そのあとに「時としては生きた身体の意味にも取られる。卑語。」とあり、この頃に卑語として普通に「身体」の意味で「からだ」と言うようになったことが知られます。しかしあくまでも、原義としての「からだ」は英語の「ｂｏｄｙ」と同じく、魂が抜けたあとの「死体」だったのです。

『五輪書』が書かれたのは寛永二十（一六四三）年、つまり『日葡辞書』発刊から四十年後のことですから、卑語がもっと一般化していたと思われます。おそらくその頃には「からだ」といえば「こころ」や魂に関係なく、単に身体のことを意味するようになっていたことでしょう。しかし、武蔵は『五輪書』においてい一度も「からだ」という言葉を使いませんでした。やはり武蔵にとっては、「からだ」は負けて斬られた死体を意味していたのかもしれません。

現代人の「からだ」

最初からずいぶん過激な例を出してしまいました。申し上げたかったのは、古代には「身心一如」だった状況が、人は驚きやショックで「魂消る」ことを知り、また武士道においては敢えて身心を切り離して考えることもするようになり、必ずしも身心一如があたりまえではなくなってきた、ということです。

ただ、武蔵の場合はいささか極端です。

通常、室町時代に芽生えたさまざまな「道」は、茶道や華道、武道も含め、身心一如を取り戻す試みとして捉えることができると思います。何度も同じ行為を繰り返し、それを「稽古」と称してそれらの動作を無意識化していくのです。無意識にできるようになった動きは「身についた」ということですし、心もその動作とそれを行なう「身」によって調えてゆきます。

そもそも、「こころ」という転変してやまないものを、まともに相手にしない、というのがこれらの「道」に共通する考え方かもしれません。むろん、その考え方の源は「禅」です。

それについては後でまた詳しく申し上げますが、ここでは離れかかる「こころ」と「からだ」を、「身」として統合する技術が、さまざまな「道」として芽生えてきたことを承知しておいてください。

稽古とはそういうものですし、武蔵の命がけの勝負とは趣きがかなり違うはずです。

いま、問題なのは、現代人がなぜ再び「身」という感覚を失い、「からだ」を置き去りにしたまま「こころ」を病んでいるのか、ということでしょう。それは同時に、「こころ」に見放された「からだ」の病をも引き起こしています。

なぜなのか、と考えますと、やはりそのように教育されているからという気がします。つまり、オリンピックなどの競技や記録には興味があっても、日常的な身体機能には殆んど関心が向けられない世の中です。もっと言えば、立つ、歩く、坐る、眠る、などの基本行為が、家でも学校でも教えられていないのです。

そういうものを重視せず、何を教えているのかというと、ひたすら「思考」の重要さです。考えるプロセスというよりも、「知識」と言ったほうが当たっているかもしれません。「思考」することは脳機能のごく一部にすぎないのですが、それが全てとでもいうように、思考の結果としての知識が偏重されています。

しかもコンピューターやスマホの普及により、集積された情報を分析したりシミュレーションしたりすることが普通になってきました。つまり、多くの人々にとって「未来を想定する」ことがあたりまえになったのです。本来、どう変化するかわからない未来は、知ったつもりになることで人をこれまで以上に不自由にしました。人は不確定な情報の海に溺れ、無駄な「思考」ばかり繰り返しながら「からだ」をどんどん置き去りにしていったのです。
「こころ」に置き去られた「からだ」は、知らぬ間に自然な動きさえできなくなっていきました。そこに注目され、個別の「からだ」に向き合い、「こころ」を取り戻そうとされたのが成瀬先生だったのかもしれません。

再び「こころ」を込める

『臨済録』という本の中に、次のような一節があります。

「道流《どうる》、心法無形にして十方に通貫す。眼に在りては見ると曰《い》い、耳に在りては聞くと曰い、鼻に在りては香を嗅ぎ、口に在りては談論し、手に在りては執捉《しゅしゃく》し、足に在りては運奔《うんぽん》す。本より是れ一精明《しょうみょう》の、分れて六和《ろくわ》合《ごう》と為れるなり。一心既に無ければ、随所に解脱《げだつ》せん」

諸君、心の法には形が無く、あまねく十方に行きわたっている。眼にはたらけば「見る」と言われ、耳では「聞く」、鼻では「嗅ぐ」、口では「話す」、手では「つかむ」、足では「歩く」という形で現れる。しかしそれは本来、一つの精明が、六根の和合という形に分かれ出たものに他ならない。そのほかに「心」などという実体は存在しないのだから、それぞれのはたらきの中で解脱が成就しているのである。

私なりに訳してみましたが、ここには全ての身体現象が「こころ」あってのものであること、またそれ以外に「こころ」を別に想定すべきでないことが説かれています。最後に「こころ」はもともと一つの「精明」だと言っていますが、これは形を取るまえの精緻で微細なエネルギーのことです。「こころ」を独立した実体と見ない（まともに相手をしない）ことについては先ほども触れましたが、「無形にして十方に通貫」していることについて、私たちはどれだけ自覚しているでしょうか。

つまり、見ることや聞くことばかりでなく、「つかむ」ことも「歩く」ことも本来「こころ」が伴わなければ機能しないと臨済禅師は言うのです。

これはすでに、成瀬先生が指摘されていることでもあります。（「曲げよう」

という「こころ」がはたらかなければ、腕も決して曲がらない）私が実験で示したのもそのことです。

しかし、現実の生活において、私たちは歩く「こころ」も用いずに歩き、つかむ気もなくつかみ、坐る「こころ」にならないまま坐っているのではないでしょうか。そうしながらいつも何か「思考」しています。過去を悔やみ、未来を想定し、相手の反応などもあれこれ考えては否定したり肯定したりを繰り返しているのです。

仏教では六根という六種類の感覚器を考えていますが、それは「眼・耳・鼻・舌・身・意」の六つです。身とは触覚と考えていいかと思いますが、意とは何でしょう。眼からの刺激で脳内にできるのが「眼識」ですが、意によってできあがる何らかの認識が「意識」です。

「こころ」というのは実体化できないし「遂に不可得」なので相手にしませんが、私たちはその代わり、必ず方向性をもつ「意識」を「こころ」の入り口として用います。「意識」ならばある程度コントロールできるからです。

「からだ」と「こころ」をつなぐもの

意識のことを、梵語でもパーリ語でも「サティ」と言いますが、釈尊は『アーナアパーナ・サティ・スートラ（パーリ語では「アーナパーナサティ・スッタ」）』という経典を残しています。つまり「出る息」と「入る息」の双方への「気づき」を促す教えです。

サティは「気づき」とも「意識」とも「念」とも訳され、お経全体も『大安般守意経』や『安般念経』、『出入息念経』などと呼ばれます。最近では『呼吸による気づきの教え』という優れた訳もなされています。なにが優れているのかと言いますと、意識や念は最初は「気づき」として働きますが、変化を微細に追いつづけ、気づき続けることはかなり難しく、すぐに「居着いて」しまいます。大切なのは「気づき」続けることなのです。

宮本武蔵も『五輪書』水の巻で、「総じて太刀にても手にても、居着くといふことを嫌ふ」「居着くは死ぬる手なり。居着かざるは生きる手なり」と断言しています。

「心持ち」について述べた次の部分のほうがわかりやすいでしょうか。「心を広く、直にして、きつくひっぱらず、少しも弛《たる》まず、心の片寄らぬやうに、心を真中に置きて、心を静かに揺るがせて、その揺るぎの刹那も揺るぎやまぬやうに、よくよく吟味すべし」。

要は心（意識）が常に居着かぬよう、揺るぎやまない変化の中で気づき続けることが求められているのです。

経典では、そうして呼吸をつぶさに意識しながら、喜びや安楽、あるいは心の動きなどを感じながら呼吸することが勧められます。詳しくは経典を直接お読みいただきたいですが、とにかくここで大事なのは、変化しつづける呼吸に意識を置きつづけることとです。流動に意識を置きつづけることは瞑想法の一種で、「ヴィパッサナー」と呼ばれます。意識の向けられる対象は、呼吸だけでなく、筋肉の動きでもいいのですが、とりあえず入門者にはまず呼吸を意識することが勧められます。

「ヴィパッサナー」は漢訳でも古くから「観」と訳されていましたが、これは「こころ」と「からだ」を再びつなぐための最も基本的で重要な方法です。他には「止」と訳された「サマタ」があり、双方を合わせて「止観」と呼ぶわけですが、「止」のほうは公案を用いる禅やカトリックの瞑想など、指導者の許でしないと難しい方法です。ごく簡単に言ってしまうと、意識を集中しつづけ、遂にはその意識の主体が融けてしまうような事態ですが、そう言われても何のことかわかりにくいと思います。

ともかくここでは、「こころ」と「からだ」が再び合流するための方法が、変化しつづける呼吸に気づきつづけることなのだとご理解ください。

インドの「アートマン（自我、魂）」もギリシャの「プシュケー（魂）」も元々は「息」を意味しました。また「霊」を意味するドイツ語のガイストの元になったのも、「息」を意味するラテン語の「スピリトゥス」です。息がなんらかの形で「魂」あるいは「こころ」に関わっていることを、古代の人々は直観的に見抜いていたということではないでしょうか。

呼吸とゾーン

平昌《ぴょんちゃん》オリンピックの女子スキージャンプで銅メダルを獲った高梨沙羅選手は、あるとき「ゾーン」に入る自分なりの方法を会得したと言います。それはジャンプ台からの滑走中に「吐く息」を意識しつづけるのだそうです。緊張を伴う競技中は、どうしても息を止めがちです。しかし彼女は滑走しながら長く息を吐き、その息に意識を集中していくのです。

「ゾーン」とは、スポーツ心理学などでよく使われる言葉ですが、極限の集中状態のことです。人はまず何かに没頭すると「フロー（flow）」と呼ばれる状態になり、時間の感覚を超えます。知らないうちに二時間も経っていたとか、いつのまにか日が暮れていたというような体験を、したことがある方は多いと思います。この「フロー」から一時的に発生する極限の集中状態が「ゾーン（Zone）」ですが、この状態に特徴的なのは、視覚や聴覚が鋭くなり、自分以外の動きが異常なほどゆっくりに感じられたりします。速いはずの球が止まって見える、などという話もそうした現象の一つです。この状態では、自分でも信じられないほどのパフォーマンスが可能になり、スポーツ選手たちは意識的にその状態を目指したりするわけですが、高梨選手はひょんなことから呼吸がその入り口であることに気づいたのです。

我々の世界の言葉に置き換えると、「フロー」はある種の瞑想状態、そして

「ゾーン」は禅定（ディアーナ）あるいは三昧（サマディー）なのかもしれません。吐く息を長く深くなめらかに、というのが坐禅のときの呼吸の基本ですが、その状態を続けていると、やがて不思議な感覚に襲われることがあります。耳が鋭敏になって遠くの小さな音まで聞こえ、見たこともないような光に包まれたりします。しかもそれを感じているはずの「私」がいない、感じるだけで何も思っていない、というような感じでしょうか。

坐禅の場合は競技と違い、はっきりした結果が導かれるわけではありませんが、それはある種の「身心合一」感覚なのだと思います。少なくともそんなときは、「からだ」の重さや痛さから解放され、「からだ」も感じない、いや、感じるはずの「私」がいなくなるのです。「私」が邪魔して起こるさまざまな障碍から解放され、そこではいわば「六根清浄」とも思える感覚の中で、身だけが自由に「遊ぶ」のです。

「流れ」の視覚化

呼吸を入り口にして瞑想状態になり、しかもそこから禅定や三昧と言われる状態にも入れる、という話をしました。しかし一方で、意識を「流れ」と一緒に変化させ続けることの難しさについても触れました。つまり、すぐに意識は「居着き」、流れなくなってしまうのです。

その問題を解決するため、私は「喫水線呼吸法」を勧めています。これは呼吸を視覚化し、意識を動かし続けるための工夫です。

まず息を吸ったとき、頭上五〜一〇センチほどのところまで喫水線が上がったと想定します。綺麗な水が全身を包む洗礼や灌頂のイメージですね。そしてその喫水線が、息を吐くにつれて次第に降りてくるビジュアル・イメージをはっきりもつのです。

たとえば喫水線が肩に来れば、そこに血液が充分補給され、筋肉が緩んでいく感じも味わいます。意識が行ったところに「気血」が集まり、その周辺に気も満ちて内呼吸が促されるというわけです。

頭から首、肩、胸元から腹部へと、喫水線は次第に下降していきますが、坐っているなら腰から両腿へゆっくり水面は降り、お尻の下に喫水線が来たらおしまいです（立って行なう場合は踵まで）。また頭上からやり直します。途中で息が続かなくなったら、吸いなおしながら喫水線を上げますが、このときは吐き始めに一気に元の場所まで引き下げてもいいと思います。慣れてくると、喫水線がまだ下がる余地のあるうちは吐く息も続くようになるから不思議です。実際の息の残量よりも、ビジュアルイメージのほうが支配的になるのです。

喫水線呼吸法に限らず、呼吸法で肝心なのは息を吐きながら脱力していくことです。脱力すれば毛細血管が開き、血液の流れが盛んになっていくのは当然ですが、これも意識しないとなかなかそうはなりません。効果的なのは、成瀬先生が日本に紹介した「自律訓練法」のやり方です。つまり、喫水線が来たあたりを「重い」と感じるのです。「重い」と感じる状態は毛細血管が開いているわけですが、実際「重い」と念ずると体がすぐに思うとおりになってくれます。とにかく脱力を心がけ、具体的には「重い」と念じながら、喫水線呼吸を繰り返してみてください。

申し上げておきますが、ここでご紹介しているのは伝統的な「数息観」でもありませんし、上座部の説く『大安般守意経』(『出入息念経』)でもありません。「数息観」は吐く息を数えてゆく方法ですが、これはかえって「分別」を目覚めさせ、禅定に入りにくくさせますし、また『大安般守意経』では呼吸をしながらさまざまな別な試みもしますので、初心者にはかなり難しいと思います。呼吸を意識しながら、しかも「喜悦」、「樂」、あるいは「無常」「消滅」「解放」「安定」など、十六の命題に沿って瞑想をするわけですが、おそらくそっちに意識を持っていくと程なく呼吸のことは忘れてしまうでしょう。

後で申しますが、最終的には呼吸のことも忘れて理想的な呼吸をしている、というのが最高なのですが、ここではとにかく流動に意識を載せ、喫水線を追い続けながら息を吐くことだけを心がけてください。『出入息念経』に説かれる瞑想は、『清浄道論』では「止」に分類されていますが、ここではあくまで「観」の方法、流れに「気づき」続ける方法として認識し、実践してみてください。

私はいま、成瀬先生や河野先生のように、はっきりと動きが不自由な人々を想定しているわけではありません。そういう人々への対処は、もっと個別で大変なものでしょうし、それは成瀬先生に教えを乞うしかありません。ただ私は、普通に動けると思っている人々の動きに、ちゃんと「こころ」が込められているのかどうか、臨済禅師の言うように「六和合」にきちんと「精明」が分け入っているのかどうか、それが気になるのです。

疑似歩行瞑想

心を込めながら我が身を感じるには、呼吸よりもむしろ筋肉の変化のほうが理解しやすいかもしれません。

架空の喫水線を思い描くことを先ほど勧めましたが、筋肉の内部変化に意識を置く場合は実際に体感が変化します。その変化をつぶさに感じる方法をご紹介しましょう。

これまた私が考えた方法で恐縮なのですが、名前は「疑似歩行瞑想」といいます。実際に歩くように足を少し開いて立ち、両方の踵を交互に上げるのですが、爪先は床に付けたまま動かしません。それでも重心は左右に移動し、また上下動も伴いますから、腰から下の筋肉はみな動員されます。脹ら脛や腿、膝や股関節の動きの変化も、一つの流動として感じられるはずです。この場合の意識は、どこかに置くというよりも、全体の動きの流れを包み込む感じでしょうか。

江戸時代の飛脚は、一日に七〇～八〇キロメートルも走ったといいますが、そういう動きをしていると自然に意識は下半身を包むようにはたらくものです。しかし現代人は、「歩く」ことに意識を用いず、常に歩くときは何かを考え、移動先へ思いを先送りしてしまいます。歩くことは単に移動の手段に成り下がってしまったのです。

やってみるとわかりますが、疑似歩行瞑想のように下半身全体を意識したことなど、これまでなかった気がするはずです。また一方で、こんなにも歩くことに思いを致してなかったのに、普通に歩いていたことに驚くかもしれません。

成瀬先生のおっしゃる「動作のこころ」と「自己のこころ」の違いを、理解できたつもりはありませんが、もしかすると「自己のこころ」を用いないでも普通に歩かせてくれていたのが、「動作のこころ」なのかもしれません。単に手段として歩くことばかりしていると、両者の乖離がどんどん進んでしまう、ということではないでしょうか。

この方法はどこでもできますし、実際に歩いているときにも有効です。筋肉の動きや関節の動き全体を一つの流れと感じながら、それを意識しつつその場で疑似歩行をしてみてください。実際に歩いているのと同じように、いや、それ以上に気血が下半身に集まってきますから、漢方が推奨する「上《じょう》虚《きょ》下《か》実《じつ》」も容易に実現します。間違いなく健康増進にも効き目のある瞑想法なのです。

呼吸の種類

ところで皆さんは、疑似歩行瞑想のさなか、呼吸はどのようにされていたでしょうか？　私が呼吸について何も言わなかったので、しなかった？　そんなことはないと思いますが、少なくとも意識していなかった方が大半かもしれません。

私はべつに、疑似歩行瞑想はこんな呼吸で、と要望を追加したいのではありません。話の順序として、『アーナアパーナ・サティ・スートラ』や喫水線呼吸法などの次に、この疑似歩行瞑想に進みましたから、呼吸についてもなにか影響はあったかな、と思っただけなのです。

『天台小止観』には呼吸には四種類あると書かれており、名付けて「風・喘・気・息」と呼んでいます。後のほうが上質な呼吸というわけですが、おわかりでしょうか。

「風」は音がするような浅く荒い呼吸、「喘」は「あえぐ」と訓むように、音はしないけれども流れに滞りがあり、リズムが一定しない呼吸、また「気」は音もなく、滞りもないリズミカルな呼吸ですが、まだ呼吸を意識している呼吸。そして最終的な理想の呼吸が「息」で、これは「気」と同じことが無意識でできているというのです。

つまり、疑似歩行瞑想をしながらしていた呼吸もおそらく無意識だったでしょうから、私は気になったのです。結局のところ、呼吸も無意識で行なうその在り方が変化しなくてはならない。こういう呼吸がいいのだと思い、わざわざ意識をそこから放さないために喫水線呼吸などというものをしたのに、結局は繰り返しそれを練習することで身につけ、忘れてしまわなくてはならない、ということです。

こうなると、意識というのは「席札」みたいなものかもしれません。つまり、自分の坐るべき席を教えてくれるわけですからそれは必要なものですが、一旦席についてしまうと邪魔でしかありません。

思えばお茶やお花、あるいは武道の世界も、それは同じではないでしょうか。繰り返し稽古し、無意識にそうできるようになったとき、初めてそれは「新たな自然」になるのでしょうし、それが「美」と感じられたり「強さ」になったりもするのでしょう。

意識とはなんと厄介なものなのでしょう。

意識を使って「からだ」にコンタクトし、再び「からだ」を「身」に戻す試みにこれまでおつきあい戴きましたが、最終的にその意識はなくならなくてはいけない。それどころか、じつは意識こそが最終的に「身」に戻る邪魔をし、時には積み重なって病気さえ生みだしているのではないか……。そんな疑いが芽生えてきませんか？

「気にならない」ことの強み

河野先生の文章を読みますと、動作法による治癒効果を示す言葉として「気にならなくなった」というのが目につきました。

思えばこれは最高の境地です。どんなことでもそうですが、「気にする」ことが積み重なってある一定の心理傾向ができ、それが習い性になって身体傾向にまでなってしまいます。成瀬先生も肢体不自由の方々の中に、ある種の神経質な傾向を看取されたようですが、援助者の補助を受けつつ最終的に「気にならない境地」へ行こうとするのは、無意識の呼吸が最上という考え方にも通じています。

俗な話ですが、禅の世界では「サトリ」という鳥を捕まえる物語が語り継がれてきました。ある樵《きこり》が「サトリ」を捕まえたいと思い、「サトリ」が棲むという山に入っていきます。しかし探しても探しても、どんどん深く山に分け入っても「サトリ」は見つからないのでした。

諦めた樵は、持っていた斧を取りだし、本来の樵の仕事を始めます。「サトリ」が捕まえられたら生活が一変するかもしれないなどと、淡い希望を持ったのが浅はかだったのだ、そんなことも思い、次第に仕事に没頭していくと、そのうち「サトリ」のことなど完全に忘れ、一心不乱に大木を伐る作業に集中していたのです。そんなときにふと横を見たら、噂で聞いた美しい「サトリ」がすぐ近くの切り株の上に止まっているではありませんか……。それだけの話なのですが、如何でしょうか？

なんだか「青い鳥」の話にも似ていませんか？

つまり、求めているものは、求めているうちは姿も見せないのですが、求めるのを忘れると、ふいっと現れるのです。たしかメーテルリンクの「青い鳥」も、結局諦めて戻ってきた家の中にいたのでしたよね？　求めることを忘れると、元々そこに居たものを得てしまう、そんな話に思えませんか？

禅語に「瞋拳《しんけん》も笑面を打せず」という言葉があります。瞋とは眼をむいて怒っている様子ですが、怒って振り上げた拳も、まさか怒られるとは思わず笑っている顔は打てない。無邪気な笑顔はどんな怒りも溶かしてしまう、そういうことでしょうか。これもまた、「気にならない境地」の凄さを示しているのではないでしょうか。

どうやら幾つかのエピソードから、共通する法則が見えてきたようにも思えます。つまり、良い呼吸や自由で美しい動作、あるいは「サトリ」にしても、まず求めなくては見つけることも得ることもできません。だから志を立て、これだと思う方法を繰り返し繰り返し練習し、そのうち無意識でもできるようになって身につけるわけです。そうして「息」や「美しい所作」や「サトリ」までも得るのでしょう。しかし意識的に練習を繰り返し、無意識でもできるようになることがあるように、じつは無意識に繰り返していた思考が、積み重なってある種の滞りを体に生みだすこともあると知るべきでしょう。それが成瀬先生や河野先生が対象にしている人々の苦悩なのかもしれません。

まだ立てないという脳性まひの少年を、成瀬先生があっという間に立たせてしまったときの驚きを、河野先生が綴っていました。そこではいったい何が起こったのでしょうか。

そのことについての考えを申し上げるまえに、以上で見えてきた法則をもう一度整理しておきたいと思います。

目指しつつ忘れる

「平常《びょうじょう》心是道《しんこれどう》」という有名な禅の言葉があります。「無字」という公案で知られる趙州和尚（七七八～八九七）とその師・南泉普願和尚（七四八～八三五）による以下の問答を、まずは読んでみてください。

趙州「道とはどんなものですか」

南泉「平常心是道」

趙州「どうしたら、それをつかみとることができますか」

南泉「つかまえようとする心があると、つかめない」

趙州「手に入れることができないものなら、それがどうして道だとわかるのでしょう」

南泉「道は考えてわかるものではないが、しかしわからないと言ってしまうこともできない。考えてわかるならそれは妄想であり、わからないとすれば無自覚というものだ。わかるとかわからないとか、そういう分別がなくなると、そこに道が現れる。それは晴れて澄みわたった秋空みたいなもので、分別を入れる余地がまったくない」

私が訳したものですから少々わかりにくいかもしれませんが、なんとなく論点は掴めたでしょうか。前半の問答はまさに「サトリ」や「青い鳥」にも通じる話ですが、最後に南泉和尚は種明かしのように懇切な説明をしています。つまり、道がどういうものか、全くわからないと言ってしまったら「それは無自覚」すぎるわけです。ある程度、求めるイメージは自覚的に持たなくてはいけないということでしょう。しかしそれは「分別」がなくなると現れる、逆に言えば「分別」しているうちは現れないというのですが、おわかりでしょうか。

もともとこの「平常心是道」という言葉は、馬祖道一禅師（七〇九〜七八八）が使いはじめたものです。馬祖語録の「示衆」の中で、禅師は平常心について次のように規定します。

「造作無く、是非無く、取捨無く、断常無く、凡無く聖無し」（ことさらな行ないをせず、価値判断も選り好みもせず、断見や常見をもたず、凡聖の区別もしないこと「こそ平常心」だ）。平常心とは「あたりまえの心」、河野先生の言う「ありのまま」にも通じるものかもしれません。しかしこれを日常の生活の中で実現するのは相当に難しそうです。断見とは人が死ねばその後は何もないのだという考え方、常見は死んでも自我（アートマン）は続くとする見方ですが、仏教ではいずれに傾いてもいけない、中道であれ、と説きます。しかしあらゆる物事に関して好みや価値判断をなくすなんてことが、果たして可能なのでしょうか。馬祖禅師は「只だ如今の行住坐臥、応機接物、尽く是れ道なり（今こうして歩いたり止まったり坐ったり寝たりして、状況に応じて対処していることの全てが道なのだ）」と言い切りますが、大切なのはその際に「造作」したり「趣向」したりしないこと。つまり目的意識をもってことさらな行ないなどしないことです。

要は分別を交えず、「ありのまま」に「あたりまえ」に対処することなのでしょうが、どうやらそこで最大の邪魔をするのは、簡単に言ってしまえば「自意識」なのではないでしょうか。

「自意識」こそ、是非や凡聖を判断し、造作したり取捨したりする源。そしてその存続を願う常見や、逆にニヒルに断滅を想定する主体ではないでしょうか。ラテン語で「cogito（コギト）」と言われ、デカルトにもてはやされた「自意識」

ですが、どうやら禅ではこれが最終的に邪魔者のようなのです。馬祖禅師も道を「汚染する」と言っています。「晴れて澄みわたった秋空みたいな」境地とは、おそらく「自意識」から解放された状態なのだろうと思います。

目指して繰り返し、身について忘れたという場合も、最終的に忘れてしまうべきなのはこの「自意識」なのです。

「見るもの」と「見られるもの」の合一

自意識というと、プライドに満ちた典型的自意識過剰もあれば、逆にコミュニケーション不全などに起因し、無力感などに収斂する劣等的自意識もあります。後者の場合、永年積み重なると、ある種の身体不調として表れることも珍しくないと思います。もしかすると河野先生の症例に出てきた選択性緘黙症の少年なども、そういう歴史を背負っているのかもしれません。

いずれにしても、「自意識」などというものはそう簡単になくなるものではありません。だからこそデカルトだって、「Cogito ergo sum（我れ思う、ゆえに我れあり）」を万民に共通の真理として提案したのでしょう。

しかし自意識によって自己を捕まえようとすると、ウロボロスの蛇のように無限の追跡は終わることがありません。自然の分身たる「自分」が捕まえられないのはある意味で当然かもしれませんが、問題は追いかけるほうの「自意識」が疲弊し、病んでしまうことです。尻尾を咥え込んだ蛇が際限なく変化する自己を求め続ければ、己が胴体をどんどん咥え込んでいくしかないからです。

鈴木大拙博士は最終講義『禅八講』の「禅と心理学」の中で、次のようにきっぱり言います。

「『自己』は見るものと見られるものに分裂したとき、自己であることをやめる」だから禅は、「一なる者」としての体験を重視する……。

これまで私が申し上げてきたことからすれば、この言葉は、青い鳥や「サトリ」を見たときの忘我感、あるいはスポーツにおけるゾーンとして理解されるかもしれません。しかしここで問題にしたいのは、成瀬先生や河野先生たちが見つめている人々です。

これは私の勝手な推測ではありますが、彼らはおそらくさまざまな原因で自己を「見る」ことに不全感をもち、見ることを止めたり休んだりしているのではないでしょうか。

私が自分を「見る」という場合でも、じつはそこには無数の他人が「見る」見方が有形無形に影響を及ぼしています。換言すれば、自分が「見られた」体験が、変形しながらも自分を「見る」見方に流れ込んでいるのです。おそらく人は、それまでの人生の中で「見た」ことと「見られた」体験を融合させ、自分をも他人をも「見る」ようになるのでしょう。

しかし幼い頃に大きく傷つくような言葉を受けたり、強烈なダメ出しを受けたりすると、もしかすると自分が「見る」見方と他人に「見られた」見方が融合できず、「見る」ことがうまくできなくなるだけでなく、「語る」こと、「立つ」こと、「歩く」ことまで諦めるようなことも起こってくるのではないでしょうか。

たとえば抑鬱を生みだす二大認知として、「自分へのダメ出し」と「過度の悲観」が知られています。そうした認知がどうして芽生えたのかは個々それぞれだと思いますが、一旦芽生えたそのような認知は個々の中で繰り返し反芻され、やがては動作の不全さえ招くのだと思います。貝原益軒は『養生訓』の中で、

「身は心の奴なり」と書いていますが、やはり身体の動きも究極は心次第なのでしょう。ですからおそらく成瀬先生の動作法も、身体を入り口にしながら、言葉や補助動作によって心にはたらきかけているのです。

仏像に見守られる感覚

「見る」と「見られる」で憶いだすのは仏像への礼拝です。観光で出かけたお寺でも、仏像を前にすると思わず合掌礼拝してしまうものですが、それはけっして私が僧侶だからではないと思います。

そして何度か仏像を拝むうちに、ふと気づきます。

「そうか、自分が拝むまえに、仏像のほうが拝んでくれていたんだ……」。無論なかには合掌をしていなかったり、手に蓮や経典や如意棒を持ったり、像によっては憤怒を示すものもあるでしょう。しかし少なくとも、全ての仏像は我々よりも先に我々を見ています。「見る」と「見られる」が、そこで交わったことに気づくのが、仏像を拝む体験なのです。

「見る」こと、「拝む」ことを続けるうちに、私たちの中にはどういうわけか

「見守られている」という感覚が育ちます。たとえ拝観する人が大勢いたとしても、独りで「見上げる」私だけを、仏像も「見守って」いてくれる……。そんな感覚が芽生えてくると思えるのですが、そのメカニズムはよくわかりません。「どういうわけか」と申し上げるしかないのです。なかには永観堂の見返り阿弥陀などのように、「私だけを見守ってほしい」という欲求のままに造られた仏像もありますが、そうまでしなくとも、仏像と向き合えば自ずと「私だけ」になるものだと思います。

ともあれ、その「見守られている」という感覚を、私たちは無意識に求めているのではないでしょうか。見守っていてもらえるなら、……勇気が湧いてくる、……自信がないことでもやってみようと思う、……失敗しても、苦にしないでいられそう、……耐えられそう、など、思いはいろいろでしょうが、「自分へのダメ出し」や「過度の悲観」を崩すような何らかの力が、どこからか湧き出してくるような気がするのです。

「何があっても自分がついているから大丈夫」、そういう空気や言葉を発しながら誰かが見守り、傍らにいてくれるだけで、人はそれまで乖離していた「見る」

自分と「見られる」自分を融合しはじめ、いや、それ以前に「見る」自分そのものを再構築しはじめるのではないでしょうか。まるで仏像のような安らかな眼差しが、自分を「見る」内側からの眼差しに流れ込み、「見られる」自分もそちらへ歩み寄りはじめるのです。成瀬先生の神業のような動作補助には、そういう原理がはたらいているように思えるのですが、どうなのでしょうか……。

性（もちまえ）

『荘子』則陽篇《そくようへん》にこんな一節があります。

「聖人の人を愛するや、人之《これ》に名を与うるも、告げざれば則ち其の人を愛するを知らざるなり。若《も》しくは之を知り、若しくは之を知らず、若しくは之を聞き、若しくは之を聞かざるも、其の人を愛するや終《つい》に已《や》む無く、人の之に安んずるも亦已む無きは、性《せい》なればなり」

また私なりに訳してみましょう。

「聖人は（何より）人を愛する存在だが、たとえ人が聖人と呼んでも、あなたは人を愛しているのですねと（具体的に）告げてやらなければ自分ではその美徳に気づかないものだ。しかし気づくか気づかないか、あるいは（告げられる言葉を）聞くか聞かないかに関係なく、聖人は人を愛することをやめないし、人々もそこに安らぎを覚えるのをやめない。それは（人を愛することが）聖人の性《もちまえ》だからである。」

この節では、人間の性（もちまえ）の素晴らしさと共に、聖人にとっては人を愛することこそ性なのだと語られています。

荘子によれば、人間には生まれつきの「故」があり、そこに内なる自然である「性」が被さり、それによって「命」（天命）に従った生き方をするのが最高だといいます。「性」は「故」と違い、永年の習慣によって無意識にできるようになったこと（習い性）も含むのは勿論です。内なる自然は拡張できるわけです。すでに述べた理想的な呼吸「息」も、美しい所作も、結局はこの「性」に編入されたから可能だということでしょう。

荘子は「性」ならばこそ長続きするが、「知的に考えて」行なわれることはすぐに已んでしまう、とも言っています。

私が最後に何を言いたいか、想像がついたでしょうか。

つまり、成瀬先生も河野先生も、おそらく永年のクライアントとの接触の中で、彼らを愛することがすでに「性」に繰り込まれているのではないでしょうか……。彼らを慈愛あふれる眼差しで見つめ、言葉をかけ、それによって彼ら自身が自分を「見る」眼を取り戻し、「見られる」身体も動きだすという、そういうことが起きているような気がします。

「聖人」という言い方は大袈裟ですし、お二人も嫌がるかもしれませんが、彼らは仏像なみの眼差しでクライアントを見守り、その気持ちが伝わるように優しく手を添え、そしてクライアント自身の動きを補助しているのは確かでしょう。成瀬先生は『目で見る動作法［初級編］』（金剛出版）の中でも、援助者の手の当て方まで、厳格に規定しています。要は押しつけたりぞんざいな気分が少しでも感じられるやり方は許されないのです。ここで私たちは、成瀬先生が日本での臨床心理士第一号でもあることを、意味深く憶いだすべきかもしれません。この動作法も、先生によれば「Clの自己治療をThが治療的援助をする心理療法」なのです。動作療法は成瀬先生にして初めて産み出せた心理療法ではないでしょうか。

何らかの理由で自らの「性」を出しきれない人々に、慈愛の眼差しと手当てでその「性」を「見る」ことを促そうとする、その援助の技術体系こそ成瀬先生の「動作法」です。そして成瀬先生にとってそれは技術であることを越え、聖人の人間愛にも似て、すでにすっかり「性」なのです。

安心する身体

人が安心した状態は、不安の種がなくなって訪れるわけではありません。不安な目で見れば、世の中に不安の種がなくなることはありえないからです。おそらく不安とは、その種を見いだす傾向に向かう身体状況の別名でしょう。それなら安心するためには、その身体状況を変えることこそ大切であるはずです。そ

禅の世界には「達磨安心《あんじん》」という物語があり、安心は達磨さんの専売特許みたいになっていますが、これは弟子入りを志願した神光との問答に由来します。

神光は雪の降る日に入門の志を示すため、片腕を切って達磨に示します。そして「不安で仕方がない」と訴えるのですが、達磨は「それならその不安な心をここに出してみよ」と言います。神光が「今はありません」と答えたとき、達磨は「じゃあ汝を安心せしめたぞ」と応じます。神光は入門を許され、やがて達磨の法を嗣いで二祖慧可となるのですが、彼が「安心」を得た仕組みは諒解できたでしょうか。

　禅的なさまざまな解釈はありますが、これは自分の腕を切ったことと関係していないでしょうか。こんなことは誰にも勧めませんが、神光は自分の強い決意、決心の重さを示すため、おそらく右手に刃物を持ち、左腕の臂《うで》を切り落としたのです。滴る血は雪をも真っ赤に染めていたはずです。長い目で見ると、それは衝動的すぎたと後悔するような行為だったかもしれませんが、そのときの神光の気持ちを想像してみてください。この人の弟子になれるなら、片腕くらい何でもない、この人に出逢えたのだから命だって惜しくはない、そう思えたのでしょう。前の日は迷ったかもしれませんが、いざ切るときには迷いも不安もなかったはずです。おそらくアドレナリンどくどく、という状況だったでしょうし、不安などの宿れる体内環境ではなかったはずなのです。その後の神光がずっと不安を感じなかったという保証はありませんが、少なくとも彼は、そうした身体と心の関係、あるいは安心を裏付ける幾つもの条件について、大いに得るところがあったのだと思います。

坐禅は、最も不安を感じにくいゆるやかで深い呼吸をしながら坐ります。そこで感じる安らぎは間違いなく安らかな身体状況を反映したものです。凝りや柔軟さを気にしつつ、そこからは独りで旅するしかありませんが、きっとそれは充実した懐かしい旅になることでしょう。

一方で、成瀬先生が手を添え、言葉をかける人々は、それによってようやく「安心」という心の在り方を知るのかもしれません。神光が降りしきる雪の中を歩いたように、それは困難に満ちた道程ですが、希望の光もうっすら射しているはずです。慈愛に満ちた言葉や動作補助が根雪のように固まった心を溶かし、彼らはおずおずと一歩を踏みだしはじめるのです。私たち以上にそれは遥かで困難な道行きかもしれませんが、一緒に歩んでくれる人がいるのですから喜びもむしろ大きいはずです。

成瀬先生の動作法がこの世に存在し、それを習い性のように習得した河野先生のような方々が大勢いることを、ご同慶に思います。

そして坐禅や動作法のように、身体を入り口にして心にはたらきかける方法が、今以上に一般化することを念じてやみません。

また最後にこの機会を下さった河野先生に心から感謝致します。

おしまいに

平成二十九年春のお彼岸明けに成瀬先生に初めてお目にかかった。場所は河野文光氏の住持する愛知県の福聚寺さんである。一緒に夕食を戴きながらの打ち合わせということだったのだが、ここで私は驚くほど楽しい時間を過ごしてしまった。

何が楽しかったのかとあらためて考えてみると、一言でいえばやはり成瀬先生の見事な老い方なのだろうと思う。よく禅の老師が寺男と間違えられて道を訊かれ、淡々と答えるが、客は自分がはるばる会いに来た当人が目の前に居ることに気づかない、などという物語があるが、そんな寺男のような風情で、先生は現れたのである。

九州大学名誉教授だったり日本の臨床心理士第一号だったり、また動作法の創始者として大勢の弟子をもつ立場なのだが、そんなものはすでに竹箒ですっかり掃き棄ててしまったかに見えた。とにかく「虚心」なのである。

会話をしていても、明らかにその時その場で逐一考えながら話してくださる。そんなことは当たり前と思うかもしれないが、経験や学問を積み重ねてきた人ほど、過去の蓄積の話をしたがるものである。少なくとも以前にも誰かに話したであろう話を聞かされることは覚悟して臨んだのだが、成瀬先生には全くそんな気配が感じられないのだ。

あくまでもこれは私の印象、つまり気配や風情の話だから、アテにはならないが、……と書いたところで思い当たった。「風情」とは、なんと成瀬先生に似合った言葉だろう。濃やかな「情」が「風」通しのよさそうな「からだ」の中で揺らめいている。そんな気配こそ、楽しさの核心であったのかもしれない。

こうした出逢いは幾つもの他の出逢いに支えられ、また新たな出逢いをも「助縁」するものだが、今回は同じ福聚寺の河野先輩に導かれ、成瀬先生と出逢ってからまもなく、金剛出版という未知だった出版社からある日校正ゲラが届いた。見ると二月に参加した早稲田大学でのシンポジウムの書籍化で、『マインドフルネス・レクチャー』という本だった。

河野氏から今回の対談の書籍化の話を伺ったとき、私がこの出版社を勧めたのは「マインドフルネス」とテーマも重なるし、何よりゲラのやりとりをした編集の弓手正樹さんの印象が好かったからだ。それだけといえばそれだけなのだが、書籍化の可否を弓手さんに伺うために対談のデータを送ると、早速成瀬先生が以前金剛出版から出された『目で見る動作法―初級編（DVD付き）』を送ってくださった。むろん書籍化の話は二つ返事でOKだった。失礼な話だが、私は以前に成瀬先生の本が出ていることも知らず、この出版社を勧めたのだった。たぶん今回の対談がどれほど光栄なことだったのかも私はまだ実感しておらず、これからじわじわと体験するのではないだろうか。

最後に一つだけ、余計なことかもしれないが、達磨の弟子となった慧可の腕のことで申し添えておきたい。禅宗史に詳しい諸賢は、じつはあの腕は賊に襲われて失ったのだ、という話もお聞き及びかもしれない。本当はそのほうが私としても抵抗なく話せるのだが、後世の禅者たちは「志を示すため」自分で切ったことにしてしまった。そういう志を求める雰囲気が、当時の禅界にあったということなのだろう。いや、白隠禅師も「大憤志」とか強烈な「菩提心」を賞揚しているから、これは今でも禅の世界の通り相場なのかもしれない。

しかしままならぬ「からだ」と「こころ」を調え、その融合を真に大切にするつもりなら、どうか自分の「からだ」を傷つけるような無茶なことはしないでいただきたい。今日も成瀬先生は、加齢による猫背を治そうと、きっとお気に入りの電柱に背中を押しつけているはずである。本当の「志」とは、そのように静かで地味なものではないだろうか。

この本が、自らの「からだ」と「こころ」をあらためて考え、動作法にも興味をもつ契機になるなら、とても嬉しい。

二〇一八年七月九日

玄侑宗久

動作療法における基本的立場

動作療法の研究を始めるに当たって、私が最初から考えていたのは、その有効性が実証されるに連れて、その説明、解説に既成分野、ことに宗教、特に禅宗からなるべく明確に大きく距離を保つことであった。その証拠に森田療法における優れたことば「あるがまま」を未だ引用も借用もできていないままである。禅宗では、坐るという行を通して瞑想する中で、禅定なり三昧の境地に遊び、そこでの体験を、ことにことばやイメージで表現することが多く、それを後輩に残されたものが山ほど沢山あるので、それがそのまま動作法の体験、ことに治療体験の理解につながることを案じたのである。後述するように、坐禅での行と違い、自己治療のための治療課題実現、達成という厳しい練習をする動作法とは、方法も体験も独自のものだが、禅語を借用して、方法を誤ることを危惧するからである。

もともと、動作療法では、動作が不調で、こころが落ち着かず、からだの緊張が慢性化して固くなり、動きにくくなり、余計な動きが出て、痛みがひどくなり、たとえば肩凝りに悩んで、夜も眠れないなど、心身の問題での相談、治療のために訪ねることが多い。それが実際にどんな不調かを調べてみると、肩周りが固くて自動でも他動でも動かせないほどで、他人が触れるだけで痛い。少しでも動かせば痛い。すべて慢性化した肩周りの緊張のせいである。同様に、動作の不調があれば全身のどこかの部位、部分に必ず居据りの緊張があり、これが作業後の後始末を怠り、あるいは不全処理、ないしそのまま放置したり、後になって、くよくよ気にしたり、緊張を弛めるのが怖いため、後始末にこだわりながら、それから逃げるなどするため、不調の慢性化が幅を利かすようになり、生活は心身共に不調が一層激しくなってくる。

そんな不調はもともと当人自身の身の処し方、後始末の不全などから当人によって作られたものだし、それはそのまま当人自身の問題点であり、また当人の弱みでもある。

たとえばその不調の状況はからだの何処かに必ず現われる。具体的には、全身の関節部位を見れば、そこが痛い、固くなっている、動きにくい、意図と違う動きをするなどのように現われるので、まずそれを明らかにする。それぞれの不調を有効に解消、消滅できるようなパターンの動作を選んで、それを治療動作とし、それを実現、達成する要領を会得するまで、さまざまに工夫しながら、練習努力をすることになる。

そんな自分で作った不調は自分で治すのが第一だから、自分で治す自己治療を原則とする。こうした自己治療を通して、生じている不調を治すだけでなく、その根源になる自分の弱みを治し、矯正して生活を安定させることが大きな動作法の課題である。

さて、坐禅での行と較べて、当人自身の問題を扱う行の在り方は、その性格が大きく異なる。玄侑宗久さんはこんな動作法のやり方に、日々接していらっしゃるわけではないと思われ、河野文光さんもこの点には触れられてはいないが、しかしそんな区別なしで、禅と動作法について述べられていることは、すばらしいというほかない。両者がいかに関連するかは、私自身もこれからゆっくりと考えてみたい。よい智恵がどう出るか、楽しみである。

二〇一八年八月二十四日

成瀬悟策

◆著者略歴

成瀬悟策―なるせ　ごさく

一九二四年、岐阜県に生まれる。一九五〇年、東京文理科大学心理学科卒業、医学博士。九州大学教授を経て、九州女子大学・九州女子短期大学学長、吉備国際大学教授歴任。日本催眠医学心理学会理事長、日本心理臨床学会理事長、日本リハビリテイション心理学会理事長、歴任。二〇〇一年勲二等瑞宝章受章。現在、九州大学名誉教授、国際臨床動作学研究所所長、日本臨床動作学会名誉会長、臨床心理士。著者に『リラクセーション――緊張を自分で弛める法』（講談社）、『動作療法――まったく新しい心理治療の理論と方法』、『からだとこころ――身体性の臨床心理』（誠信書房）などがある。

玄侑宗久―げんゆう　そうきゅう

一九五六年福島県三春町生まれ。慶応義塾大学文学部中国文学科卒業。現在は福聚寺住職の傍ら、花園大学仏教学科および新潟薬科大学応用生命科学部の客員教授、福島県警通訳、福島県立医科大学経営審議委員、「たまきはる福島基金」理事長、鈴木大拙館アンバサダーなど。二〇〇一年、『中陰の花』で第百二十五回芥川賞受賞。また二〇〇七年には柳澤桂子氏との往復書簡『般若心経　いのちの対話』で第六十八回文藝春秋読者賞、二〇〇九年、妙心寺派宗門文化章受賞。二〇一二年、仏教伝道協会より第一回沼田奨励賞受賞。二〇一四年には東日本大震災の被災者を描いた短編集『光の山』にて芸術選奨本賞受賞。近著は『風流ここに至れり』（幻戯書房）、『仙厓　無法の禅』（ＰＨＰ研究所）、『ないがままで生きる』（ＳＢ新書）、『やがて死ぬけしき』（サンガ新書）、『荘子』（ＮＨＫブックス）、『竹林精舎』（朝日新聞出版）など。
公式サイトは、http://genyu-sokyu.com

河野文光——こうの ぶんこう
一九四八年、長野県諏訪市に生まれる。長野県諏訪清陵高等学校卒業。一九七二年、花園大学文学部仏教学科卒業。臨済宗天龍寺派専門道場にて雲水修行。愛知県立岡崎養護学校教諭。二〇〇二年、愛知教育大学大学院教育学研究科修了、教育学修士。二〇〇九年、吉備国際大学大学院臨床心理学研究科修了、博士（臨床心理学）。愛知教育大学非常勤講師、愛知淑徳大学心理学部講師、愛知県スクールカウンセラー、障害者施設ピカリコ嘱託職員を経て現在、岐阜聖徳学園大学教育学部教授、岐阜大学大学院非常勤講師、愛知淑徳大学非常勤講師、穂の香看護専門学校非常勤講師、臨済宗妙心寺派福聚寺（愛知県）住職、福聚寺相談室室長、臨床心理士。編著『いつか一緒に歩こうね——障害児を持つ親の手記——』（コレール社）、著『動作でわかる——心理臨床の援助過程——』（公財法・禅文化研究所）

からだ、こころ、いのち
動作法と禅からの見方

2018年11月1日　印刷
2018年11月10日　発行

著者——成瀬悟策
玄侑宗久
河野文光

発行者——立石正信
発行所——株式会社 金剛出版
〒112-0005
東京都文京区水道1-5-16
電話 03-3815-6661
振替 00120-6-34848

装丁◉臼井新太郎
装画◉川崎真奈
印刷・製本◉音羽印刷

ISBN978-4-7724-1661-0 C3011

ある臨床心理学者の自己治癒的がん体験記
余命一年の宣告から六年を経過して

［著］＝山中 寛

●四六判　●並製　●192頁　●本体 1,800円＋税

スポーツカウンセラーとして
オリンピックにまで帯同した経験を持つ臨床心理士が、
みずからの壮絶ながん体験を告白。
自己治癒のためのがんとのつき合い方を公開。

臨床動作法への招待

［著］＝鶴 光代

●A5判　●並製　●240頁　●本体 3,200円＋税

動作を通して援助を行っていく
心理療法「臨床動作法」の入門書。
わかりやすいイラストや写真、
多彩な事例をもとに、具体的に解説する。